21世紀のビジネスに
デザイン思考が必要な理由

佐宗邦威
SASO KUNITAKE

クロスメディア・パブリッシング

未来独創者諸君

もし君が、未踏峰連山世界初登頂を目指すならば、
今すぐ快適温室空間に別れを告げ、
世界で最も過酷な競創空間に身を投ぜよ。

そして徹底的な批判＝
建設思考・他流試合／異種格闘技を通して、
3つの知性：哲学・技術・社会的知性を磨け。
戦い抜く3力：出杭力・道程力・造山力を鍛えよ。

佐宗氏の著書が、
君の航海第1章の心強い羅針盤となるであろう。
第2章からは、君の「造山力」の強さ次第だ。
航海の幸運を祈る。

石井 裕（MIT Media Lab 教授）

序文

ハイエンドな「デザイン思考」を実践的に、しかも完璧にまとめた本書はビジネスパーソンこそ読むべきだ!!

　本書は、「デザインとビジネスを繋げる」活動でいま日本中のデザイン・イノベーション関係者から大いに注目されている佐宗邦威氏による、世界の最前線で実際に進められている「デザイン思考の本質と実践」を、(私の知る限りで)最もわかりやすく、かつ体系的に紹介したものです。デザイン関係者はもとより、「デザイン思考」にちらっとでも興味を持っている全てのビジネスパーソン・起業家が読むことを、強くお薦めします。

　私は経営学者という仕事をしています。日本に帰って来たのは2年前の2013年。それまではアメリカで博士課程に5年、その後はニューヨーク州立大学のビジネススクールで助教授を5年務めました。

　そして私は、経営学者として教育・研究活動を続ける中で、これからのビジネスに最も必要なことでありながら、最もビジネススクールで教えられていないことが「デザイン思考」だと、確信するようになったのです。

　科学的なアプローチを目指す現在の経営学では、還元主義というものが重視されます。

現実のビジネス・経営は複雑で、その「全体像」を科学的に捉えることが非常に難しくなっています。したがって経営学者（＝ビジネススクールの教員）は、対象となるビジネスの事象を絞って、その一部のメカニズムだけを探究しています。顧客行動、財務状態、労務管理、取引先との関係、社内組織の編成……といった事象です。

　しかし、ビジネスに求められるのは、そのような細部のメカニズムの理解でしょうか。もちろん、それも重要です。しかしビジネスで最後に行うことは、たった１つの「決断」です。どれだけ細部を分析しても、できる決断は１つなのです。そして現在の経営学には、この１つの決断のために必要な「全体を俯瞰してまとめあげる」ノウハウが、決定的に不足しています。

　この希望となりえるのが「デザイン思考」だと、私は考えています。デザインも経営と同じで、どれだけ細かいことを考えても、最後にそれらを纏め上げてできるデザインは１つだからです。そのため、佐宗氏がchapter5で、敢えて「ビジネスパーソンこそデザイン思考に習熟すべき」と主張することに、私も強く同感します。

実際、本書で書かれていることは、きわめて実践的です。たとえばchapter2や3に書かれている、デザイン思考のステップの解説は、私もたいへん勉強になりました。しかも、これらは佐宗氏がイリノイ工科大学デザインスクール（以降、ID）で学んだ米国デザイン教育の先端知見であるとともに、彼自身が日本企業でマーケティング・デザインに携わって得た経験則が加えられ、日本人向けに噛み砕かれています。

　そしてもう1つ、chapter5で「これから求められるのは越境する人材である」という主張が展開されていることも、見逃せません。本書では「H型人間」と呼ばれています。このH型人間の発想は、経営学で「バウンダリー・スパナー」と呼ばれるコンセプトと非常に似ています。経営学の研究では、バウンダリー・スパナーがいる組織ほど成果を上げやすい、といった知見も出てきています。

　私の身近でも、たとえばいまベンチャー業界で大注目のWiL創業者・伊佐山元氏などは、シリコンバレーと東京のビジネスの両者をよく知り、両地域を越境しながら活動する典型的なバウンダリー・スパナー（H型人間）です。たいへん僭越ながら私自身

も、海外の経営学の知見と日本のビジネスの橋渡しをするような活動をしているので、ある意味そのはしくれなのかもしれません。

　そして佐宗氏も、間違いなくこのバウンダリー・スパナーです。本書にも書かれているように、東京大学で法律を勉強していた佐宗氏は、米大手企業 P&G のマーケティング部門に「越境」し、その後日本の大企業であるソニーに越境しました。さらに ID に留学してデザイン分野に越境し、米国と日本を絶えず越境するようになり、そして今は「ビジネスとデザインを越境するバウンダリー・スパナー」を日本で増やす活動をしているのです。

　このように本書は、日本では極めて希少な「デザインとビジネスを越境するバウンダリー・スパナーの先駆者」が、多くのみなさんにその重要性を知ってもらおうと著したものです。本書を読んで「ビジネスとデザインを越境」しようと試みる方がさらに増えることを、期待してやみません。

　　　　　　　　　　入山 章栄（早稲田大学ビジネススクール准教授）

はじめに

　実はいま、スタンフォードやハーバードなどの米国のMBAトップスクールに通う人たちの間で人気が高まっている授業に、「デザイン」があります。
　「え？ ビジネスマンがデザインなんて、本当に学べるの？」という声が聞こえてきそうですが、ビジネスキャリアの中でデザインを学ぶことは、欧米のトップスクールでは当たり前になっているのです。
　MBAでは論理的思考をベースにした「ビジネスをより効率的にするやり方」を教えるアプローチが取られているのに対し、デザインは今までの延長線上にはない「まったく新しい事業、商品やサービス、プロセス等を創るやり方」を教えています。
　私は、ビジネスマンが学べるデザイン、「デザイン思考」教育の老舗である、イリノイ工科大学デザインスクール（以降、ID）を修了しました。留学時代、デザインをより本格的に学んでいる私の話を、世界各地のMBAに通っていた友人はたいへん興味深く聞いてくれました。
　それもそもはず、世界中の企業が大きな変革を求められ、既存のビジネスを立て直すだけでなく、新規事業を創り出す動きがより盛んになっているという背景があったのです。いま、世界のMBAトップスクールは、「デザイン」を取り込む潮流の中にあります。

　IDでデザインを学び、帰国後はソニーで全社的な新規事業創出の仕組みづくりやデザイン思考を活用したインキュベーション

に携わるなど、今でこそイノベーションの世界にいる私ですが、留学するまではデザインを専門に学んだことはありませんでした。大学では法律を専攻、新卒で入社したＰ＆Ｇではマーケターとしてデータ分析するなど〝ＭＢＡ的〟なビジネス術を身につけてきました。

　そんな私が、デザインの世界に足を踏み入れたのは、ごく少数の「ゼロ」から「イチ」をつくることのできる、「ゲームを変えられる」マーケターにＰ＆Ｇで出会ったことがきっかけです。価値が落ちているブランドを再定義（つまり立て直し）したり、まったく新しいコンセプトを構想し、ブランドを立ち上げるのが得意な人がいたのです。

　でも、私にはそれができませんでした。論理と分析が得意な私は、既存ブランドを着実に運用し売上を倍増させることはできても、どう頑張ってみても、ゼロからイチをつくるための発想はできませんでした。ゼロからイチをつくりだすような創造の世界への「旅」は、ここからはじまりました。

　日本では、デザインというとクリエーターやアーティストのイメージがあり、大多数のビジネスパーソンにとっては身近なものではないように思います。

　英語では、デザインという言葉は「設計＝創り出す」という意味を含んでいます。一見明確ではない課題を発見し、創造的に解決する方法論として、マッキンゼー等の戦略コンサルティングの方法論と同様に考えられています。私の経験上、多くのビジネスマンにとってとっつきにくい「デザイン」や新たなる価値を生み出す方法論は、実は誰にでも学べるように体系化されたものであ

り、学びとることができるものです。

　デザインの世界には、ビジネスマンが日々の仕事の中で新たな価値を創るためのノウハウがたくさん存在しています。それは必ずしも、既存のビジネスのやり方と矛盾するものではありません。使い分けられるものです。

　本書では、デザイン的かつ創造的な思考が苦手だった私がデザインスクールで冒険しながら学んできた内容を通して、有形無形の社会課題を自らの手を動かすことで創造的に解決していくことのできるビジネスリーダーになるための「白地図」と、その「羅針盤」としての具体的な方法論をご紹介します。

　また、初心者の私がゼロから学んだデザインスクールの授業の内容をご紹介することで、どのようにデザイン思考を実践するのかをイメージしていただけたらと思います。

　この本を手に取っていただいた多くのビジネスマンや起業家が、21世紀のビジネスリーダーとしてのヒントを得ていただけましたら、そんなに光栄なことはありません。

CONTENTS

contents

序文　　入山章栄（早稲田大学ビジネススクール准教授）	4
はじめに	8

chapter 0
21世紀型教育の
先進国アメリカ

ホワイトカラーを取り巻く世界的な潮流	18
アメリカにおける創造力とビジネスの世界	22
マーケターがなぜデザインスクールに行ったのか？	27
column　IDとデザイン思考の歴史	36

chapter 1
デザイナーから学ぶ ハイブリッド知的生産術

デザイナーから学ぶ知的生産性を高めるノウハウ	40
インプット：ビジュアルを集め、ビジュアルで考える	42
ジャンプ：発想を飛躍させる	50
アウトプット：シンプルに感情に訴えかける体験デザインを行う	61
デザイン思考を成り立たせる前提	68
デザイナーの常識、ビジネスマンの常識	70
column　IDのプログラム概要	71

chapter 2
作り手魂の学校

議論するのではなく手を動かして考える	76
プロトタイプに使えるツール	82
不完全を受け入れ、カオスな状態を楽しむ	90
より良い生活を実現するための課題を解決し作る	92
デザイナーの常識、ビジネスマンの常識	94
column　企業カルチャーとデザイン思考	95

contents

chapter 3
創造的問題解決の羅針盤

羅針盤としてのデザイン思考プロセス	98
デザイン思考プロセスに存在する4つのモード	107
課題特定のための初期リサーチ	115
デザインリサーチ	122
分析	130
統合・課題の再定義	134
統合作業で使えるメソッドやフレームワーク	141
プロトタイピング	145
デザイン思考でプロジェクトをファシリテーションするツボ	148
デザイナーの常識、ビジネスマンの常識	153
column　リサーチの必修授業ユーザー観察	154

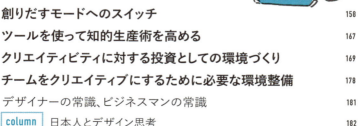

chapter 4
創造モードへのスイッチ

創りだすモードへのスイッチ	158
ツールを使って知的生産術を高める	167
クリエイティビティに対する投資としての環境づくり	169
チームをクリエイティブにするために必要な環境整備	178
デザイナーの常識、ビジネスマンの常識	181
column　日本人とデザイン思考	182

chapter 5
デザインという
ビジネス・キャリア

ビジネスマンにとってのデザインスクールという選択肢	186
忙しい日常の中でデザイン思考を実践するコツ	193
組織の中で創り出す力を発揮しやすい環境をつくるヒント	195
越境人材という道	198
イノベーションの世界におけるキャリア・パス	204
ビジネスとデザインの交差点で受け入れなければいけないこと	215
デザイナーの常識、ビジネスマンの常識	220
column　日本はデザイン思考の後進国？	221

chapter 6
デザイン思考は
幸せに生きるための
ライフスキル

自分なりにクリエイティビティを発揮して生きる	224
右脳で感じると幸せな気分になれる	228
右脳モードへの道しるべ	231

おわりに　　　　　　　　　　　　　　　　　　　　　237

chapter 0

21世紀型教育の
先進国アメリカ

2011年度にアメリカの小学校に入学した
子供たちの65％は、
大学卒業時に今は存在していない職業に就くだろう

キャシー・デビッドソン（デューク大学研究者）

chapter 0

ホワイトカラーを取り巻く
世界的な潮流

　なぜ、今の時代に「デザイン思考」に注目が集まっているのか、世界的な流れをご紹介しておきたいと思います。

　知的生産を生業とするホワイトカラーの人材にとって、デザイン思考によって学べる創造的問題解決力は必須の力になっています。

　私は留学した1年間で、アメリカやヨーロッパのデザインスクールやMBA、デザインファームを訪問し、また世界的なイノベーターやリーダーと対話する機会を得ました。ここで私が感じた、世界的に重要な潮流を4つ挙げておきたいと思います。

潮流1：　先進国企業のビジネスに求められる
　　　　　イノベーション

　日本をはじめとした先進国では、社会が成熟するに従って、企業は非連続なイノベーションを生み出し続け、生き残りを図らねばならない事態に直面しています。新興国の財閥や巨大ベンチャーとの競争も激化し、既存の企業は収益モデルの大胆な転換を求められています。
「目の前で本業が消えていく」「新たな新規事業を作らないと生き残れない」そんな会話が会社内で飛び交う機会も増えているように感じられます。

　同様にホワイトカラーの労働者も、新興国の安く優秀な労働力との競争に直面しています。そのような労働力と同じ土俵で戦っ

ていては、給料は下がっていく一方です。それに対しては、自分たちにしかできない新たな価値をつくりだし、独自のポジションをつくっていくのが唯一生き残る道なのです。

　かつての日本では、研究開発部門による技術主導でイノベーションを生み、新たな価値をつくりだしていくという「技術革新神話」がありました。しかしこれからの時代は、先進国にある技術や文化、ブランド資源をうまく活用し、オリジナルな価値をつくりだすことが、韓国や中国などの新興国と差別化し得る唯一の道です。

潮流2：　一億総クリエーターとなれるインフラの整備

　インターネットとスマートフォン、ソーシャルネットワーク（SNS）の出現は、社会の構造を完全に変えてしまいました。創作活動や表現活動といえば、これまでは一部の人にしかできませんでしたが、スマートフォンとパソコンさえあれば、誰にでもできるようになっています。Facebookのユーザー数は世界中で13億人、画像共有SNSのInstagramのユーザー数も3億人に達しています。

　たとえば、スマートフォンで写真を撮り、InstagramやFacebookで繋がっている友人たちに共有することも、「いいね！」をたくさんもらえるように構図を工夫したり写真を加工するのも、創造力を日々発揮する一歩でしょう。

　YouTubeでは、素人がつくったAKB48の「恋するフォーチュンクッキー」のパロディー動画が大流行したこともあります。個人がWEBサイトを立ち上げ、SNSのコミュニティーを駆使してマーケティングを行って生計を立てることも当たり前の時代

になりました。

　また、これから起こる大きな変化としては、3Dプリンターやレーザー CNC（工作機器）をはじめとするデスクトップファブリケーションが汎用化し、誰もが自分の生活に必要なものをデザインして創れる時代になります。

　自分の創造力を活用して、日々の自分の生活をデザインし、やる気になれば商売をしていくことも可能になります。一個人が日々の生活の中でプチクリエーターになることも可能ですし、それを通じて副業をしたり生計をたてることも一般的になっていくでしょう。

潮流3：　機械と人間の仕事の奪い合い

　ディープラーニングをはじめとする人工知能は、今後20年でめざましく発達し、それに伴って、これまで人間が行っていた仕事が機械に代替されることが予想されています。

　オックスフォード大学のオズボーン教授によって発表された「コンピューターの進化によって消える職業調査」によると、代替されにくい職業としては、以下の2つが挙げられています。

1　ヘルスケアやラーニング、心理学などの人との「深い」コミュニケーションに関わる仕事
2　デザインやエンジニアリング、経営などの「創造」の中心にいる仕事

　「分析」のような仕事は、人工知能が進化し、様々なデータを分析してパターンを理解し、それを基により効率的な答えを出すこ

とができるようになるため、代替される可能性が高いスキルに分類されています。

一方で、機械が分析した内容をもとに新たな解決策をつくりだし意思決定することは、依然として人間の能力に頼られることになるでしょう。

潮流4： 自分らしい幸せを求める 「足るを知る時代」へ

社会が成熟した先進国において、人々が求める価値が、物質的な満足から精神的な満足へと変化する潮流があります。

2050年には、世界の人口は90億人を迎えることが予想されています。限られた資源を今までの倍の人に行き渡らせることが人類の課題となる21世紀は、「自分らしい足るを知る時代」になっていくのではないかと考えられます。

日々、創造力を発揮するようになると、幸福感が増すということは、私が留学を通じて学び実感してきたことでもあります。一人ひとりが、自分の生活スタイル自体をデザインし、自分の好みや天性に合った生活を送ることで幸福感を感じること。そのためのスキルとして、「創造力を発揮させる力」が重要になっていきます。

chapter 0

アメリカにおける創造力とビジネスの世界

　これらの大きな潮流のなかで、「創造力」を先んじて産業界にうまく取り込んできたのがアメリカです。

　たとえば、スタンフォード大学では 1970 年頃からデザイナーの思考をエンジニア等に活用する、「ビジュアルシンキング」の研究が進められてきました。

　1980 年頃からはユーザーインターフェイス開発の中で成熟してきた「人間中心デザイン」という考え方と融合し、1990 年代からはアメリカの有名デザインファーム IDEO を中心として、「デザイン思考」によるデザイン戦略コンサルティングが産業として成り立っています。

　デザイン戦略コンサルティングは、単に机上の空論の戦略だけではなく、ユーザ理解から、ユニークな視点で課題を発見し、具体的な商品やサービスに落とし込んだ提案ができるのが強みです。最近では経営戦略コンサルティングの案件において、戦略コンサルファームの代表格であるマッキンゼーと IDEO が競合することが増えてきているといいます。

21 世紀型スキルとは？

　アメリカでは、21 世紀に生きる人材がグローバルに活躍するためのスキルを定義する研究が行われてきました。2002 年からはじまったこの研究は、マイクロソフト、シスコシステムズ、アップル、オラクル、インテルなどの企業が教育省と協働して行っ

たものです。2009年にはイギリス、フィンランド、シンガポールなどの教育先進国も足並みをそろえ、以下のような「21世紀型スキル」として整理されています（ATC21S）。

- 思考の方法——創造力とイノベーション、クリティカル思考と問題解決、意思決定と学習
- 仕事の方法——コミュニケーション、コラボレーション
- 仕事の道具——ICT（情報通信技術）とデジタルリテラシー
- 世界で暮らすための技能——市民性、生活と職業、個人的および社会的責任

▌21世紀型スキル

| クリティカル思考と問題解決 | 創造力とイノベーション | コラボレーション | 意思決定と学習 | ICTとデジタルリテラシー | コミュニケーション |

chapter 0

　この中で、創造力とイノベーションは、クリティカル思考と問題解決や意思決定とともに、大事な思考スキルとして取りあげられました。

　こういった流れをうけ、ハーバードや MIT、ノースウエスタン大学などの老舗 MBA プログラムにおいても、デザインスクールと組んだアントレプレナーシップ（起業家精神）や企画開発のプログラムが導入されはじめています。
　スタンフォード大学が、あらゆる学部の生徒が協働してイノベーション課題に取り組む d.school を設立したことは、日本でも知られるようになってきました。
　このようなビジネス教育とデザイン教育が交じり合うトレンドは、イギリス、ドイツ、北欧、イタリアなどのヨーロッパの老舗美大や MBA でも起こっています。
　日本でビジネスパーソンが「MBA にチャレンジしてくるよ」というように、欧米において「デザインを学んでくるよ」という会話は、もはや普通のことになりつつあるのです。

イノベーションを担う 3 つの輪の融合

　この欧米のデザインスクールにおけるカリキュラムを理解する上で、基本的な考え方が、「イノベーションを担う 3 つの輪」です。「デザイン、ビジネス、エンジニアリングの 3 つの要素が協働することでイノベーションを生み出すことができる」というものです。
　これは、デザインファーム IDEO が提唱した、「イノベーションに不可欠な 3 つの要素がそろってはじめて新たな価値が創り出

イノベーションを担う3つの輪

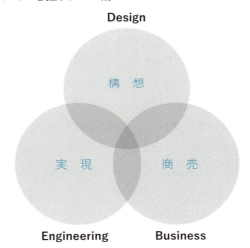

（出典：IDEO Human centered designに筆者が加筆）

される」という考え方と符合しています。

1　構想：人間にとって望ましい姿を構想する＝デザインの役割
2　実現：再現性をもって実現することを可能にする＝エンジニアリングの役割
3　商売：社会にとって影響力を広げていく商売の仕組みをつくる＝ビジネスの役割

　デザインスクールに通う学生の多様性も確保されています。デザイン、エンジニアリング、ビジネスのそれぞれの分野で異なる得意分野を持つ学生を混ぜたうえで、これら3つの分野を融合したカリキュラムが意図的につくられています。さらに少数精鋭の

チームが協働することでイノベーションが生まれる、という信念があります。

　私が通ったイリノイ工科大学デザインスクール（ID）でも、デザイナーやエンジニア、マーケター、リサーチャーなどの背景の違うメンバーがともに学び、ともに働きながらイノベーションプロジェクトを進めていました。

　デザイナーは戦略を学び、ビジネスマンやエンジニアはデザインを学ぶことで、差別化した価値をつくり出すために必要な、複数の思考スタイルができる「ハイブリッド人材」になっていくことができます。

　デザインもエンジニアリングも、私にとっては経験が少ない分野でしたが、ビジネスという得意分野をもっていることで、このようなプログラムにも馴染んでいくことができました。

マーケターがなぜ
デザインスクールに行ったのか？

　論理を武器にブランドマーケティングの仕事をしていた私が、なぜデザインを学ぼうと思ったのかを簡単にご説明することで、21世紀のビジネスにデザイン思考が必要な理由を説明したいと思います。

　大学卒業後、入社したＰ＆Ｇでは、あらゆる会話が「結論とその理由」を論理的に説明して人を説得する、という作法のもとに過ごさねばなりませんでした。入社１年目から徹底的に消費者データを分析し尽くしたうえで戦略をたて、経営陣を説得するといったMBA流のビジネス、言い換えれば〝ブランドの経営者〟としてのマーケティングセンスを鍛えられました。

　当時の私のように若い人間がリーダーシップをとるためには、誰にでも納得してもらえる武器として、データ分析力と論理的思考力がとても有効でした。

　さて、この時期のＰ＆Ｇは、ビジネスを立て直し、イノベーション文化を組織に植え付けたことで有名なＡ・Ｇ・ラフリーがCEOに就任しており、組織で働く人間の必須スキルとして、論理的思考力と戦略的思考力に加えられたのが「コラボレーション力」でした。

　コラボレーションとは、日本語では協働という意味になります。商品開発のプロジェクトを立ち上げる際には、マーケティング部門だけではなく、Ｒ＆Ｄやリサーチ部門、デザイン部門などと一緒につくりあげていくことが義務付けられるようになった

のです。

　とくに、デザイン部門の関与は大きな変化をもたらしました。言葉で表現される商品コンセプトだけではなく、商品の醸し出す世界観をイメージで表現するデザインテーマをチームで共有する仕組みが導入された結果、コンセプトとパッケージ、TVCMの世界観が一気に連動するようになりました。

　P&Gで成功していく人のステレオタイプといえば、自分の意見をひたすら押し出していく学級委員的な強いリーダーシップでしたが、この変化はリーダーシップの質も変化することを意味していました。そういった強いリーダーシップが苦手な私にとっては渡りに船だったと同時に、チームと協働してイノベーションプロジェクトを進めていく働き方に非常に可能性を感じました。あとから思えば、これが最初の「デザイン思考」との出会いでした。

論理的に「直感」を判断できるのか？

　Ｐ＆Ｇのマーケティングの大きな役割の１つに、広告づくりがあります。

　広告代理店から提案される様々な広告のアイデアの中から、製品の戦略に合致し、かつ人の心を動かす案を選んでいきます。

　この広告を選ぶトレーニングの方法論も確立しているのですが、その根本的な思想には、「直感を信じる」というものがあります。いろいろ理由を考える前に好きか嫌いかを一瞬で判断し、それを論理的に説明するための文法を提供するトレーニングです。

　私はこれが非常に苦手でした。論理的に考えても「好き」「嫌

い」がわからないのです。つい「A案にはこんなメリットがあるけれど、B案にはこんなメリットもあるな」と考えると、「私の好きなのはこれ！」ということができません。

　本当にこれでいいのかと不安を感じながら、上司にコメントを評価されていると思うと、どうしても自分の好き嫌いという「客観的ではないこと」をいうことに怖さがでてしまいます。

　この苦手意識が払拭されたのは、広告代理店のクリエイティブディレクターと直接議論をするようになってからでした。綺麗なコメントではなく、クライアントが大事にしていることや背景を伝えられればいいと理解してからです。好き嫌いの世界では、完全に明確ではないことを共有することに泥臭く時間をかけることが大事だと学ぶよいきっかけになりました。

　これは、論理が支配する「左脳モード」を、直感とイメージの「右脳モード」へ切り替えるということとの出会いだったように思います。以前の私には、右脳モードへの切り替えのスイッチがどこにあるかもまったくわかりませんでした。

論理絶対路線の限界と、「右脳の世界」への模索

　Ｐ＆Ｇには、売り上げやシェアが落ちている商品をＶ字回復させたり、市場のルールを変えるような新しい商品を立ち上げるために「違いをつくりだす」ことができるマーケターと、会社や上司に与えられた仕事を着実に伸ばしていくタイプのマーケターがいます。

　前者のタイプのマーケターと、後者のタイプの私とは、圧倒的に違う何かがあると感じるようになりました。彼らはただ頭がいいだけではなく、人と違う未来を構想しているようなのです。た

だ、ファブリーズのブランドを立ち上げた精鋭チームのマーケターは、センスがよい提案ができる一方で、いつアイデアが降りてくるかはわからないとはいっていましたが……。

こうした2つのタイプに分かれてしまう理由が当時はわかりませんでしたが、いまではクリエイティブな発想をできる人と論理的な思考をする人の頭の使い方の違いであると考えています。

私は、既存のビジネスを回すだけでなく、市場のルールを変えてしまうようなイノベーションを起こせる一流のマーケターになりたいと思うようになり、模索しはじめるようになりました。

創造力の世界との出会い

そんな問題意識を持っていたとき、『ハイ・コンセプト』（ダニエル・ピンク 著、大前研一 訳、三笠書房、2006）という本に出会いました。

21世紀を知的労働者の時代と呼び、「新しいことを考えだす人の時代」における「6つの感性」として、共感、デザイン、物語、遊び心、全体の調和、意義が挙げられていたのです。

イノベーションを起こせる人材になるために必要な要素はこれだ！とピンときました。そして、このようなセンスを磨くことをテーマに、コーチングや即興劇などさまざまな試行錯誤をしてみることにしました。

とくに印象的だったのは、『脳の右側で描け』（ベティ・エドワーズ 著、野中邦子 訳、河出書房、2013［第4版］）という本との出会いでした。絵を描けないのは才能がないからではなく、右脳モードでものを見ていないからだと説明されています。

右脳モードでものを見れば誰でも絵が描けるようになるとのこ

新しいことを考え出す「6つの感性」

機能だけでなく
「デザイン」

議論よりは
「物語」

個別よりも
「全体の調和」

論理ではなく
「共感」

まじめだけでなく
「遊び心」

モノよりも
「意義」

（出典：『ハイ・コンセプト』より著者改変）

とだったので、ワークショップにも参加しました。このときに、「右脳でモノを見ること」を体感できたことで、右脳の使い方も左脳同様にトレーニングできるのだ、という仮説を持つに至りました。

　論より証拠として、次ページの図は5日間のワークショップの前後での自画像の変化です。

　これだけの絵の違いが、「ものの見方のモードを変える」だけで生まれてくるのです。ワークショップでは、ピカソの絵を上下逆さまにして写しとる練習をすることで、それを有名な絵としてではなく、意味のない単なる線の集まりとして「ありのままに」見ることを練習しました。これが右脳モードに切り替えるための

chapter 0

「右脳で描く」ワークショップ前後の筆者自画像のレベルの差

スイッチだというのです。

　日々当たり前に見ている街の木々に対しても、改めて細部の微妙な色や光の陰影の違いに目を向けたものの見方を意識することで、左脳モードから右脳モードへの切り替えができるのです。

大企業でのデザイン思考やコラボレーションの必要性

　やがて入ったソニーでは、グローバル市場調査チームの立ち上げや全社的な商品開発のプロセスデザインに携わりました。

　前職で実践してきた顧客目線を元にした商品作りのノウハウが生きると思っていましたが、消費財と電気製品というカテゴリーの違いもあり、同じプロセスでは対応できないということがわかってきました。一方で、新しいものを創りたいとうずうずしているエンジニアは想像していたよりも多く、そのエネルギーは火山

が噴火する直前のマグマのようにうごめいていることも感じられました。ソニーには、作品を世に出し価値を問いたい、というクリエーター的な気質の人が多かったのです。また、「顧客の声は聞くな」という創業者の言葉も印象的でした。目の前に現れているニーズを満たすための顧客視点のマーケティングから、まだ現れていない潜在的なニーズを読みカタチにしてみせる、という違ったノウハウの必要性を感じたのです。

　また、組織構造も大きく異なっており、製品づくりに関わるメンバーは前職の10倍以上であることもザラでした。部門間の立場の違いもある中でまだ見えていない価値をめがけて、製品の方向性を統一させていくことの難しさも感じました。立場の違う人たちが現場を理解しつつ新たな価値を創り出すために欠けているピースは何か？という問いかけを常にするようになりました。

　そんな中、顧客理解と、研究所、商品企画、デザインを融合した商品開発の方法論としてデザイン思考と出会い、本格的に学ぶ道を探すようになっていきました。

いろいろな大学院の選択肢

　しかしながら、デザイナーとしての教育を受けたことがない自分に合う大学院を探すことは困難を極めました。

　そんなとき、「ビジネスマンがデザイン思考を本格的に学べる大学院ってないかな？」と、Twitterでつぶやいたところ、当時IDに留学されていた（現在、博報堂）岩嵜博論氏からご連絡を頂き、留学が現実的な目標に変わります。

　MBAとは違い、デザイン学部への留学の情報は非常に限られています。岩嵜氏も同様に、大変苦労して留学先を調べられたと

いうことでした。

　海外においても、ほとんどの美大はデザイナーやアーティストの養成所としての色合いが強く、ビジネス×デザイン、アートなどの分野があったとしても、カリキュラムにおける扱いがまちまちです。
　私の場合は、「ノンデザイナーでも受けることが可能」「ビジネスとデザインの融合」という条件で絞った結果、IDとカーネギーメロン大学を最終候補に挙げて、受験勉強をはじめました。
　キャンパス訪問をした結果、IDはデザイナー向けの大学院で、デザインの基本スキルもある程度求められる一方、エンジニアやマーケター、リサーチャーなどビジネスサイドの学生も半数近くいるということがわかりました。ビジネスにおけるデザインをしっかり学ぶことに優先順位を置き、IDへの入学を決めたのです。

飛び出す勇気

　ビジネスマンがデザインスクールで学ぶというキャリアの選択肢は、現状は日本にはほとんど存在していないでしょう。
　絵心がなく、小学校から高校までの美術の授業もどちらかというと苦手な部類だった自分にとって、デザインの世界に飛び込むのはとても勇気がいることでした。
　また、「デザインの大学院に行きたいと思っている」と話をすると、大多数の反応は「へえ、変わってるね……」というもので、中には「お前、30にもなってデザイナーになるつもりなの？　大丈夫？」とか「その後のキャリアどうするの？」といっ

た反応をされることもありました。

　これは、多少市民権を得てきたとはいえまだまだ少数派の、デザインスクールに行くことにした友人が共通して受ける反応のようです。

　特に日本の社会の中における、「出る杭は打たれる」雰囲気や、「クリエイティブってかっこつけてる」という見られ方との戦いは留学中もずっと続きました。

　自分がデザイナーだとかクリエイティブだということは、とても勇気がいることです。ましてや、経験も実績もない中でそれを信じることなんてとてもできない、そんな大きな不安を抱えながら留学生活はスタートしました。

column

IDと
デザイン思考の
歴史

　私が留学したイリノイ工科大学デザイン学科（ID）は、1937年に設立され、アメリカではもっとも老舗のデザイン思考を教える教育機関です。デザインの博士課程をアメリカではじめて設立した、デザイン思考メソッドのパイオニアでもあります。今は、130名の修士と10名の博士の学生が在籍しています。

　実は、デザイン教育の歴史とIDには密接な関係があります。

　デザインは、古くはアルタミラの壁画にも見られるように、原始時代から現代に至るまで人同士のコミュニケーション手段のひとつとして成長してきました。ルーブル美術館などで見られるような絵画も、元来は、視覚を使ったコミュニケーションの手段（今でいう新聞や雑誌などのメディア）として発達してきたものです。

　今でも、デザインというと、視覚表現をするグラフィックデザインや、思想を表現したり問いかけるアートのイメージをもたれる方が多いのは、それがデザインの成り立ち上、最も根本的な役割であったからです。

　しかし、その流れが変わったのは産業革命からです。19世紀の後半に産業革命が起こって以来、今まで職人が一つひとつ手作りでつくっていたモノは、全て規格大量生産に変わりました。そして、機能的で効率的ではあっても、美しくないモノが大量に出回るようになったのです。

　それに対するアンチテーゼを唱えたのが、第一次大戦後にドイ

ツでできた造形学校のバウハウスです。バウハウスは、商品機能を合理的に設計するエンジニアリングと、美的に伝えるアートを融合することで、産業革命後世界に溢れた機能的だけれど醜悪なデザインの商品とは違うモノをつくろう、というムーブメントを起こしました。その根本思想は、それまでの「つくれる商品をつくる」ではなく、ユーザーである「人間を中心に据えた使いやすく美しい」デザインにして大量生産するというもので、バウハウスは産業界における「アートとテクノロジーの融合」を志した教育機関だったのです。

　このバウハウスは、当時世界中のデザイン教育に大きな影響を与えましたが、ナチスドイツの台頭によって、わずか10年あまりで閉鎖されてしまいました。

　しかし、バウハウスのメンバーの1人であるモホリ・ナギがシカゴに招聘され、「ニュー・バウハウス」としてデザインの教育機関を1937年にアメリカに設立されました。これが現在のIDの楚をなすもので、「人間中心デザイン」「アートとテクノロジーの融合」「ユーザー中心デザイン」など、大変長い歴史のある教育機関なのです。

　ちなみに、d.schoolが設立された際には、IDのプログラムが大いに参考にされたそうです。

chapter 1

デザイナーから学ぶ ハイブリッド知的生産術

これからは、創意や共感、そして、総括的展望を持つことによって社会や経済が築かれる時代、すなわちコンセプトの時代になる。(中略) そして、かつては軽視され、取るに足らないものだとみなされた能力、つまり創作力や共感、喜び、意義といった「右脳的」な特質が、これからの世の中で大きく飛躍できるか、もがき苦しむことになるかを決める重要な要素になってくる

ダニエル・ピンク (作家)

chapter 1

デザイナーから学ぶ
知的生産性を高めるノウハウ

　デザイン思考の1丁目1番地、それは「デザイナーの思考法」そのものです。「デザイン思考のプロセスをなぞってもなかなか面白いアイデアが出ない」という方もいますが、論理的思考のままデザイン思考のプロセスだけなぞって失敗してしまうことが多いように思います。

　思考法というと、ロジカルシンキングやクリティカルシンキングなど左脳による論理思考が有名ですが、IDに通うデザイナーが目指す思考スタイルは、左脳と右脳の両方を活用したハイブリッドな思考です。それは、左脳の論理の力と、右脳のイメージの力を両方バランスよく使いながら、自分ならではのユニークな切り口を出すという、創造=「知的生産」を日々実践することになります。

　この章では、このハイブリッド思考を成り立たせている要素を、「インプットの質」「発想のジャンプ」「アウトプットの質」という3つの変数に分解してみました。いずれも、限られた時間を有効に使いながらそれぞれの質を高めていくことで、知的生産性を大きく上げることができます。

　また、新たな切り口をだすための思考を日々実践するためのヒントとして、デザイナーの同級生たちとともに作業を進める中で学んだ、デザイナーならではの右脳思考があります。つまりこれが、デザイナーが日々自らに問いかけ、考えている質問です。各論の最後に挙げますので、ぜひ考えてみてください。

デザイナーから学ぶ知的生産のための思考術

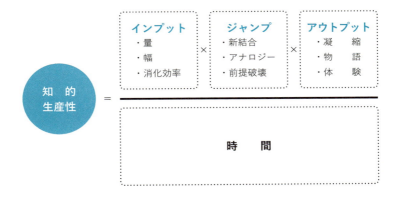

chapter 1

インプット：ビジュアルを集め、ビジュアルで考える

　デザイナーは、プロジェクトをはじめる際、アイデアを考えるためのリサーチを行います。

　ビジネスの世界でリサーチというと、ウェブサーフィンや記事検索で多くのデータや事実を集めたり、市場規模が大きくなっているのかどうか、競合の戦略はどうか、ユーザーのニーズの変化などのファクトを集めるというのが定石です。

　デザイナーも同じようにリサーチをするのですが、それ以上に大事にされている習慣は、右脳を刺激するインプット、たとえばビジュアルのイメージや動画を集めることや現場に実際に行ってみることです。

　たとえば、「まったく新しい時計をデザインする」というお題があったとします。

　デザイナーは、Googleのイメージ検索等でまったく新しい形の時計を探す、雑誌の記事から時計のあるライフスタイルのシーンを探す、YouTubeでシェアされている時計に関するトピックを洗いだすなどしたうえで、時計売り場を訪れたり、時計愛好家へのインタビューなどを行います。

　これらの情報はすべて、ビジネスの世界では「客観的な情報」とはみなされない性質のものばかりです。一方で、実はビジュアル情報は文章などのテキスト情報に比較して圧倒的な情報量があります。

より具体的に人の気持ちや生活シーンをイメージすることで、新たな切り口の仮説を発想するやり方、これがデザイナーのリサーチの特徴です。

物理的な情報量をとにかくたくさん集める

情報量の少ない文字の二次情報ではなく、多量のビジュアルデータを集め、現場での観察やインタビューによる一次情報を浴びるように吸収します。

実際にデザイナーと一緒にリサーチをしてみるとわかるのですが、たいへん多くの情報をインプットします。時計の例でいえば、好きだと思う時計の写真をイメージ検索で50〜100枚くらい集めることもザラです。

実はこの作業を通じて、多くの具体的なイメージに触れることで、最終的にどんなアウトプットをつくりたいのかに関するイメージのヒントを見つけることができます。

デザインリサーチをする際には、ユーザーの家庭を訪問調査しますが、1回の訪問で200〜300枚近い写真を撮るのは普通のことです。

Googleイメージ検索やPinterest等のサイトから1人50〜100枚の画像を事前に用意してブレーンストーミングに臨むこともありました。

画像や動画、現場での経験は、いずれも圧倒的な情報量をもち、それまで思い込みのように持っていた固定観念を裏切るような発見があるはずです。

ここでのデザイナーの思考は、以下の質問で説明できます。

--- THINKING ---

どのようなイメージが、具体的なデザインをする上で少しでも参考になりそうか？　どうやってできるだけたくさんの情報を集めてくるか？

自分が見ていた世界と違う幅の世界に触れる

さらに重要なことは、普段自分が無意識に接している世界とまったく違う振れ幅の世界に触れることで、発想をひろげることです。

たとえば、以下のような軸で幅をつくることができます。

- 人間横断：自分とはまったく違う環境の人の生活や人生に触れる（共感）
- 分野横断：共通項を持ちながらまったく違った分野での例に触れる
- 地理横断：世界のまったく違った場所でおこっていることに触れる
- 時間横断：歴史的な観点から時代を経ておこっている違いと共通点を知る

人間横断の例としてよくあるのが、商品開発にむけてユーザーリサーチを行うときの観察対象者に、エクストリームユーザーと呼ばれる極端な好みを持ったユーザーをあえて選ぶことです。

通常、ビジネスの世界でマーケットリサーチを行う場合には、その市場を代表する平均的なユーザーをリサーチするのですが、たとえば音楽の超ヘビーユーザーである DJ や CD をまったく買わない若者を調査することで、思考の幅を広げることができます。

また、地理的な幅も大事にされています。大手デザインファーム IDEO は、デザインリサーチをするために、あるテーマにおける世界の先進地域を複数リサーチすることもあるそうです。

たとえば、新しい住まいをつくるというプロジェクトでは、世界でもコミュニティづくりの先進国デンマークの新しいコンセプトの集合住宅と、香港の狭い地域に密集している住宅とを選ぶなど、世界の中でも先進的な場をフィールドワーク先にします。

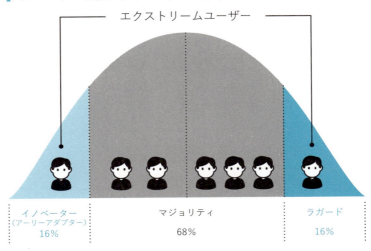

イノベーター理論によるユーザーの分布

chapter 1

　この地理の幅を活かしたリサーチは、特にヨーロッパのように多様な文化が入り交じっている地域では積極的に活用されています。

　また、デザインリサーチで歴史分析を行うことは非常に有効です。
　たとえば、電子書籍についてのリサーチプロジェクトに取り組むような場合は、本を読むという体験そのものを、時代を超えてひもといていきます。
　16世紀のグーテンベルグの活版印刷や、さらに紀元前時代の象形文字までさかのぼり、人類の歴史を通じて共通の部分は何か、時代の変化に合わせて何が変わってきているのか、という視点から、今の時代に欠けているものや今後ニーズが大きくなってきそうなものを探し出していきます。

―― THINKING ――
どんな場所を訪れたら、自分とは違う視点が得られるか？

文字を使わずに考えるビジュアルシンキング

　デザイン思考を実践しはじめると大量の情報を処理する状態になるのですが、うまく情報を消化していくためにはコツがあります。日々ポスト・イットなどにメモして記録する癖をつけるなどのノート術の類も大事なのですが、情報をビジュアルを使ってシンプルにまとめるなどのテクニックが非常に有効です。

デザイナーから学ぶハイブリッド知的生産術

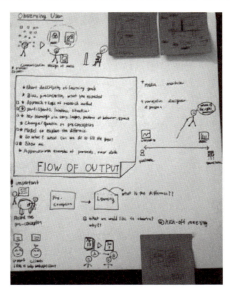

ビジュアルでノートをとる

　有効なもののひとつには、ビジュアルで考えビジュアルで理解するという思考法「ビジュアルシンキング」があります。
　実は、ビジュアルシンキングは、ノートの取り方を変えるだけで実行することができます。
　この写真は、留学の後半にユーザー観察の授業で私がとっていたノートの一部分です。イラストが入っていますが、これは先生の板書を清書したものではなく、先生が口頭で説明した話を自分なりにイメージして、イラストでノートをとったものになります。

　美大出身ではないデザイナー向けのビジュアルシンキングの教

chapter 1

　本としては、『Back of Napkin（邦訳：描いて売り込め！ 超ビジュアルシンキング）』（ダン・ローム著、講談社、2009）が大変な人気です。欧米ではレストランででてくるナプキンにメモをとることも多いのですが、話が盛り上がっているうちに、どうせならその内容を文字ではなくビジュアルでナプキンにメモしてしまおうという内容です。
　この『Back of Napkin』は、スタンフォード大学起源のビジュアルシンキングをわかりやすくビジネスマン向けに伝えたもので、アメリカのデザインの業界では必読書になっています。

　日々、イラストで描く癖をつけていると、情報を理解して、その論理構造をビジュアルに翻訳するという作業を日々繰り返すため、自然に左脳と右脳の使い分けができるようになり、両方の脳を使えるようになっていきます。言葉をいったん具体的なイメージにしてみることで、理解も深まります。
　また、様々なデータやアイデアをイラストで表現する癖をつけることで、そのイラスト同士の位置関係やレイアウトから全体における位置づけを考えるようになり、複雑に絡み合った課題の中での優先順位がわかりやすくなっていきます。
　このイラスト化の訓練は、人が話している話を自分なりに図解することで可能です。
　私の場合は授業の内容を図解することからスタートし、恥ずかしくない程度になってきてから、打ち合わせでもイラストを描きながら考えたり、話すようになりました。
　デザイナーや戦略プランナーの方のなかには、ほとんど文字ではなくイラストやチャートのみでノートや板書をとる方もよくお

見かけします。

--- THINKING ---
今聞いている話を図で表したらどのように表せるのだろう？

chapter 1

ジャンプ：発想を飛躍させる

　重要そうなものから一見関係なさそうなものまで、たくさんインプットをしたら次は、新しくユニークな切り口を生むために発想をジャンプさせる思考プロセスに入りましょう。

　様々なアイデア発想法の方法論がすでに知られていますが、今までとは違う切り口を出すことは大変難しいことです。ジャンプはいつ生まれるかわからないという、理解しにくいプロセスでもあります。

　ビジネスマンにとっては、普段ほとんど仕事で使わない頭の使い方です。企画を考えるときに必要に迫られてブレーンストーミングをやってみても、なかなかうまく成果が出ないと思っておられる方も多いでしょう。

　ID での学びの 1 つは、この一見わかりにくいものにもしっかりしたプロセスがあり、それは練習すればできるようになるということでした。

　このプロセスでのデザイナーの思考には大きく分けて、様々な組み合わせを結びつける「新結合」、一見違うものに共通点を見出す「アナロジー思考」、前提となるルールを変えてしまう「前提を壊す思考」の 3 つがあります。

強制発想マトリックスを使った発想

　一見違う要素を無理やり結びつけて発想を生む、新結合による発想法があります。様々な組み合わせを使った発想法を、ID では「統合（シンセシス）」という授業で教えています。

強制発想のマトリックス

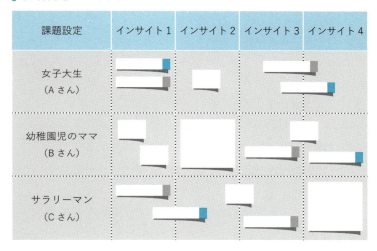

　たとえば、縦軸に想定ユーザーセグメントを、横軸にユーザーニーズをそれぞれ貼り出して、その組み合わせをアイデア出しするという強制発想のマトリックスを使うことがオーソドックスなやり方です。

　この縦横の要素は様々な形で入れ替え可能で、リサーチで集めた幅広いセグメントやそれぞれのユーザーから出てきたニーズを組み合わせて、ユーザーがほしがっている解決策を絵で描いていくブレーンストーミングができます。

　ビジネスマンとしては、一見無意味に思える関係性を考えて何になるのかと思ってしまうものですが、実際にアイデア出しをしてみると、意外な組み合わせからアイデアのジャンプにつながる

ことがあります。

　慣れてくると、このような軸を作らなくても、様々な組み合わせを頭の中で考えられるようになります。たとえば、「教育×デザイン」や「釣り×ウェアラブルデバイス」といった具合にです。

THINKING

掛け算で何か新しいものが考えられないか？

アナロジー思考―まったく違うものに共通点を見つける

　デザイナーのもう1つの強力な発想ツールが、現在の固定観念（メンタルモデル）から離れ、意図的に発想をジャンプさせるための「アナロジー思考」と、ツールとしての「比喩」です。

　アナロジーとは、日本語で「類推」と訳されますが、一見違うように見えることに共通点を見いだすことを指します。

　ノーベル平和賞を受賞したアル・ゴア元米国副大統領が著書『不都合な真実』で、「この惑星は、高熱にかかっている（The planet has a fever）」という言葉で地球温暖化の問題を訴えました。地球温暖化は、動物が高熱にかかるようなものだというアナロジーの良い例です。

　新しいことを発想する上では、すでに知っている身近な世界である自分の知識を、未知の世界の知識と結びつけることで新たなアイデアを生むことができます。

伝える場面では、新たなアイデアを、はじめてそれを見聞きする人が知っていることに結びつけて伝えます。
　つまり、「知っている世界」と「未知の世界」との間を２回、行き来することが必要になります。この行き来が前提となる思考パターンが、「まったく違うように見えるけれど、何か共通点を探す」というアナロジー思考になります。

　アナロジー思考を日々実践する上では「これは、何に似ているだろう？」と「比喩」を考えることが有効です。
　一般に馴染みの深い比喩は、「ＡはＢのようなものである」という部分から構成されます。たとえば、「デザインスクールは、未来を描くアトリエのようなものである」というようにです。
　これをアナロジー思考に発展させようとしたときには、ＡとＢの共通点を考えてみればよいのです。

　アナロジー思考は、私もかつてなかなか身につけることができなかったスキルですが、特にクリエーターの中にはたいへん比喩が上手い方もいらっしゃいます。
　これを習得するために、デザインスクールで気づかされた重要なポイントがあります。思考をジャンプさせるためには、言葉で考えるより、似ているものを雑誌の写真から探すなどしてビジュアルで考えることが効果的だということです。
　言葉は抽象的な思考なので、そればかりでは共通点を見つけにくく、かなりの訓練を積まないことには比喩を考えにくいのです。

デザイナーが日々無意識に実践しているアナロジー思考は、大きく、以下の2つに分かれます。

1　発想のためのアナロジー
　　（自分の身近なものと結びつける：Make strange familiar）
2　伝えるためのアナロジー
　　（自分の身近なものをまったく違うものと結びつける：Make familiar strange）

発想のためのアナロジー

　自分が取り組むテーマや解決したい課題を、全然別のものでたとえて置き換えたら何になるのかと考えることで、意図していなかった繋がりや共通する本質的な課題が見えてきます。また、強制的に別のものと繋げることで発想が広がります。

　これを実践するためには、何かテーマを決めてそれを探して町歩きをして、写真を撮るというトレーニングがおすすめです。

　たとえば、新しいタイプの消しゴムを考えるというテーマを持っているときに、「消すのに似ているものを、街歩きの中で探して写真を撮る」といったやり方です。

　PinterestやInstagramなどの静止画のサイトを見て、何となく似てそうな気がする写真を集める方法もよいでしょう。

　右はある京都のお寺の庭の写真なのですが、この写真をよく見てみると、本当に様々な要素が含まれていることがわかります。

デザイナーから学ぶハイブリッド知的生産術

発想のためのアナロジー

この写真の中にある要素にはどんなものがありますか？

- 森林に囲まれた場所
- 観光地
- 平安な気持ち
- 生き物のすみかとしての池
- 鏡のような水面
- 透きとおっていないココアのような水面……

　写真から様々な要素を抽出したら、いま自分が考えているサービスをその要素でたとえることができないかを考えてみましょう。平安な気持ちになる時計って？　鏡のような時計って？　人がいっぱい集まる時計って？　新たな切り口は無限に広がります。

　世の中には、抽象的なビジュアルメタファーを使ってランダムに思考できるような、カード型のツールなどもあります。タロット占いのカードの抽象的な図なども、その例の1つといえるかもしれません。

伝えるためのアナロジー

　新しいコンセプトの商品やサービスを、知らない人に伝えるために、身近なものでたとえるコミュニケーションのためのアナロジー思考です。人は、まったく聞いたことがないことを理解することはできないので、すでに知っていることにたとえると理解がしやすくなります。

　イノベーションでいちばん難しいのは、その新しさをいかに魅力として伝えるかというポイントです。誰も見たことがないわけですから、理解しにくいのは当たり前です。そこで、活躍するの

伝えるためのアナロジー

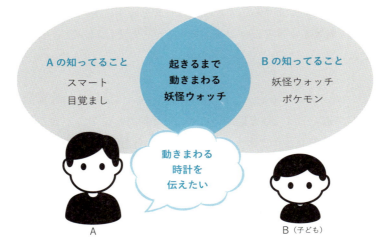

が比喩です。iPod が発売されたときには、「1000 曲をポケットに」というコピーが使われました。すでに持っている全ての CD がポケットの中に入るという新たな体験をうまく説明できています。

コミュニケーションのためのアナロジーの練習方法としては、自分が考えた新しいコンセプトを、子どもやお母さんなどまったくその分野の知識がない人に説明してみることです。伝えようとするときには、自然に彼ら彼女らも知っているアナロジーを使わなければならないので、アナロジー力が磨かれます。

最近では、プレゼンテーションの文字を極力減らし、抽象的な画像を使って表現する手法も流行していますが、ビジュアルによるアナロジー思考は、プレゼンテーションをする上でもとても有

効な思考法です。

　今回はこれ以上踏み込んだ説明はしませんが、次のような問いかけを日常心がけるだけでも、アナロジー思考は随分鍛えられると思います。

---- THINKING ----

全然違いそうだけど似ているものって何だろう？
小学生でもわかるように説明しようとしたら何にたとえたらいいかな？

ゲームのルールの前提を壊すことで新たなアイデアを生む

　既存のビジネスを壊すような飛躍した大きなアイデアを、いきなり自分だけで出すのは難しいことです。それは、無意識に今の常識を前提として置いてしまっているためです。

　当たり前を壊せるアイデア出しの方法はないものでしょうか。

　たとえば、「新たな義務教育サービスのモデルを考える」という課題があったとします。

　まずは、既存の義務教育で暗黙のうちに信じられているルール＝神話をいくつか書き出します。「少人数制のクラスは教育効果が高い」「教室のような場からオンラインの学びの場へ移る」「教育の効果は教える先生の能力と比例する」「教育は、優秀な先生によってなされるのが肝である」など。

　次に、それぞれの神話の逆を書き出します。「大人数のクラス

例：新たな公教育のモデルを考える

1 既存の常識（暗黙の前提）の言語化

- ☐ 少人数制のクラスを増やして学習効果を高めることが大事
- ☐ 教室のような物理的な場からネットなどバーチャル教室へ
- ☐ ゆとり教育は、遊ぶ時間が増えるので拘束時間は増やす
- ☐ 教育は、教える人が優秀でないといけない

2 2軸を設定し間逆の方向性を考える

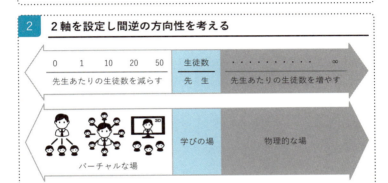

3 手垢がついていない分野を絞ってブレーンストーミングをする

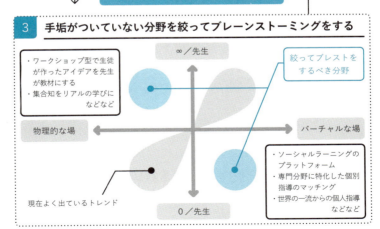

chapter 1

で効果的な教育がある」「教室の場がより大事になる教育サービス」「先生がいなくても成立する教育サービス」など。

　神話の反対というのは、当然今はいわれていない話です。そこからイノベーションが生まれるかもしれない切り口のはずです。

　その中で2つの軸を取り、それぞれ相反する形容詞を入れて、P59の図の3に示すような4象限のマップを作ります。この図では、「先生あたりの生徒が多くても効果的な教育×リアルの教室で行われる教育」や「バーチャルで先生の存在しない教育」には手垢がついておらず、新たな切り口が生まれる可能性があるものといえます。

　どうせブレーンストーミングするのであれば、あまり手垢がついていない部分に絞ってアイデアを出すことで、新たな切り口を提示することができます。

　たとえば、リアルな場で行われるけれどリアルタイムのインターネット上の集合知を教材にする授業や、ユーザー同士で学びやすくできるソーシャルラーニングのオンラインプラットフォームなどが、具体的なアイデアとして出てきます。

　この手法は、ある市場の既存のルール（常識）を列挙し、それを逆張りするというようなブレーンストーミングの手法としても使うことができます。

〜〜〜〜〜〜〜〜　THINKING　〜〜〜〜〜〜〜〜

今までの常識は何か？　今までの常識を壊す新たな軸は何か？

〜〜〜〜〜〜〜〜〜〜〜〜〜〜〜〜〜〜〜〜〜〜〜〜

アウトプット：シンプルに感情に訴えかける体験デザインを行う

　伝えたい要素を凝縮していかにシンプルにし、受け手に合ったかたちでドラマ性のある体験を実現し、感情を揺り動かすか。
　普段のビジネスでもほとんど無意識にしていることですが、私にとっては新しい学びがありました。
　これには、凝縮フォーマット、ストーリーテリング、体験デザインという3つの要素があります。

凝縮フォーマット

　デザイナーは、様々なアイデアを凝縮してシンプルなものにするため、1枚のポスターや、ネーミング、キャッチコピーなどのフォーマットを利用します。1枚で表現しなければならないという、フォーマットにおける制約を自ら課すことで、自動的にいらない要素を削ぎ落とさざるを得ない環境をつくりだすのです。

　ユーザー観察の授業では、2ヶ月にわたってリサーチを行い、分析を進めていたのですが、あるとき先生から「さあ、今からリサーチ結果をまとめるポスターのプロトタイプをホワイトボードに5分で書いてみてくれ」という指示がありました。
　かなりの時間をかけて行ったリサーチの結果を5分で、しかもポスターのフォーマットにしてまとめるのはものすごく大変に思えます。しかし、ホワイトボードに短い時間で書かねばならないという制約を課されることで、本当に大事なエッセンスが何かと

いうことに議論が向かうきっかけになったように思います。結果として、ポスターのプロトタイプをつくったことで、大事な構成が一目瞭然にわかるようになりました。

ポスターは、背景の色やマスターなどの選び方でも世界観を表現することができますし、凝縮するためのフォーマットとしてとても優れています。

MIT Media Labの石井裕先生は、「考えているアイデアを140文字以内で説明しなさい」とか、「漢字4文字で表現しなさい」というようなことをよくおっしゃいます。アイデアを凝縮するための表現フォーマットを活用することで、自分たちのアイデアを削ぎ落とすことができるのです。

1枚の限られたフォーマットでビジュアル表現やレイアウト、コピーライティングを含めた表現を考えるという右脳思考で、デザイナーの得意な「引き算」によるシンプル化が可能になるのです。

伝えたい要素を洗い出したうえで、優先順位づけをしていく通常の左脳思考との違いを体験してみてください。

―――― THINKING ――――

どのようなフォーマットで表現したら、自分たちのアイデアを凝縮することができるか？

ストーリーテリング

デザイナーのプレゼンテーションの特徴は、できるだけ具体的なストーリーを表現しようとすることです。

たとえば、リサーチの結果をプレゼンテーションする際にも、8人のユーザーに共通していることではなく、1人の特徴的なユーザーの具体的なストーリーを語ります。そうすることで、人の心を動かすことを主眼においたプレゼンテーションをつくることができます。

ここでよく使われるのが、ハリウッドのヒット映画の脚本づくりでも使われている、「英雄の旅」と呼ばれるフレームワークです。

▍英雄の旅の基本構造

ごく簡単に説明すると「物語の最小構成要素としての4つの要素」を、ユーザーを主人公にした「自分たちが提案したいサービスの最小構成要素としての4つの要素」に置き換えてしまうのです。

物語の最小構成要素としての4つの要素：
1　主人公が、
2　宝物を得るために、
3　試練に打ち勝つことで、
4　幸せになる

自分たちが提案したいサービスの
最小構成要素としての4つの要素：
1　主人公であるサービスのユーザーが、
2　サービスを使うことの便益を得るために、
3　日々感じている課題に取り組むことで、
4　日々がちょっと幸せになる

　これができるようになるための最初のステップは、ログラインと呼ばれる物語の要旨を2〜3行で表現することです。これは、映画のパンフレットや、文庫本の裏などにある短い要約説明に近いものです。

　映画『シンドラーのリスト』のログラインはこのようなものです。

「プレイボーイの製造業者であった主人公が、死の運命にあった1100人のユダヤ人を救う。ナチスドイツの残虐行為に愕然とした彼は、ナチスのお偉方をだまして、彼の工場をユダヤ人の避難場所に変えた。オスカーシンドラーの史実より」

　ちなみに、ハリウッドに持ち込まれる数限りない企画も、最初はこのログラインのみで選別されるそうです。それだけログラインは重要だということです。

　物語の概要ができたら、ストーリーの骨子に発展させていきます。このストーリーをつくるためには、「英雄の旅」の原型が使えます。

1　普段の世界：現実の世界はどのような課題が存在するか？
2　冒険への誘い：今のぬるま湯の世界を出るきっかけとなるできごと
3　迷い、葛藤：冒険に出ることで得られるもの（便益）と、失うもの（コスト）の葛藤
4　メンターとの出会い：思いもしなかった支援者の現れ
5　試練（敵との遭遇）：冒険において、宝物を得るために越えなければいけないハードル（競合、心理的ストッパーなど）
6　報酬：試練を越えたことで得られた報酬（便益）
7　帰還：冒険を経て、現実の世界に戻ってきて気づいた多くの学び（人間的成長など）
8　宝物を手にする：結果的に大成功している姿

chaper 1

▍英雄の旅物語フレームワーク

```
     現 実      |    特別な世界    |     現 実

                                          宝を得て
                                           帰還
                                         ●
                                       復活
                                      ●
                 一線を      克服と
                 越える      報酬
                ●          ●
         メンターとの           敵の       帰路へ
         出会い            登場       ●
        ●              ●
   冒険への
   いざない
   ●   拒絶
      ●             試練
                    ●
   現実
   ●
```

　主人公の身に何が起こったのかを、上記のフレームワークごとにそれぞれ１〜２行ほどでまとめると、物語の要旨を書くことができます。

　この秘訣は、できるだけ具体的に、イメージが湧くような固有名詞や形容詞、副詞を豊富に使って、短い文章の中で生き生きと物語ることです。

　このフレームワークを使うと、商品やサービスを通じて提供する世界観を、物語を使ってありありと語ることができます。

―――― THINKING ――――

言いたいことを伝えるために、どんなエピソードや物語を語ったらよりインパクトが出るか？

体験デザイン

　デザイナーは、自分のアイデアをプレゼンする際に、単にプレゼンテーションをつくるだけではなく、様々なメディアを使った体験の可能性を考えることが得意です。アイデアを表現するために、パワーポイントのプレゼンテーションだけではなく、ポスターやビデオ、プロトタイプで表現することがあります。ほかにも、インパクトを感じてもらうために、即興の劇、ゲームや等身大のモックアップをつくるなど、様々な表現の仕方があります。その内容に合わせて、どんな表現の方法がいいかを選択するのです。

　デザインファーム IDEO がコンサルティングに入る際には、コミュニケーションデザイナーがチームに入って活動をします。プロジェクトの最終プレゼンテーションにむけて、どういうフォーマットでどんなメッセージを伝えるかだけを専門に考える職種です。
　あるコミュニケーションデザイナーの方は、「パワーポイントのプレゼンテーションなんて当たり前すぎて面白くない。聞き手が腹落ちするためには、どういう表現の仕方がよいかをゼロベースで考えます」とおっしゃっていました。

―― THINKING ――

このアイデアを最もよく伝えるためには、パワーポイント以外では、どんなフォーマット、やり方で伝えたらいいか？

chapter 1

デザイン思考を成り立たせる前提

　では、どのようにしたらこれらの思考ができるようになるのでしょうか？ ビジネスマンに多い左脳優位の人が右脳思考を実践していくうえで、今まで慣れ親しんだやり方を捨てなければいけないことがいくつかあります。

全ての情報を厳密に処理しようとしない

　膨大な情報量を右脳に浴びせながら、今までの慣れ親しんだ考え方を壊すことで、偶発的に思考のジャンプが生まれることはすでに説明しました。ここで、最初の壁となるのが「全部の情報をしっかり厳密に整理しようとすると、処理が追いつかない」ということです。完全な分析が難しいビジュアル情報を大量に扱うため、誰もが納得できる情報処理の仕方はありません。そのため、全部の情報を厳密にまとめなければならないという真面目すぎる心がけを捨てることが必要になります。

不明確な状態を恐れない

　右脳思考を実践すると、まったく論理がとおらないような飛躍が多々発生するものです。発散していくに従い、全体像が見えなくなります。スッキリしません。アウトプットも出ていないように思えます。しかし、常に全てを厳密に説明できるようにしなければと思えば思うほど、思考の飛躍は生まれなくなります。混沌とした不明確な状態をもよしとすることが必要になります。

違いを生み出せる人は
デザイン思考を無意識にやっている

　左脳型の人がデザイン思考を学ぶことの特に大きな意義の1つは、人とは違う切り口を出すことができる強力な武器として、左脳右脳ハイブリッド思考を実践できることだと私は考えています。

　ハイブリッド知的生産に必要な能力は、共感（ユーザー観察）、全体感の調和（統合）、デザイン（デザイン全般）、物語（ストーリーテリング）など、chapter0でご紹介した『ハイ・コンセプト』のなかで紹介されている6つのセンスの多くと重なっています。

　この左脳と右脳を両方使った、ハイブリッド知的生産のノウハウを持っている人は、新しい発想を生み出し続けることができるたいへん賢い人になることができます。

　自分の仕事を、新しい価値をつくる仕事と時間を効率よく回す仕事に分け、新しい価値をつくるものには多少時間を使ってでも、デザイン思考の考え方を使ってアイデアを生み出すことが必要だと思います。

　私の場合は、個人的にワクワクするプロジェクトや、今までやられていない新しい切り口でちゃんと形にすれば大きな話題になりそうなプロジェクトにデザイン思考を活用しています。

デザイナーの常識

- □ リサーチはインスピレーションの湧くビジュアルを探す
- □ 思考はアナロジーを使ってジャンプさせる
- □ プレゼンは、印象的なストーリーで共感を得る
- □ サマリーは1枚の絵で表現する

- - - - - - - - - - - - - - - - -

ビジネスマンの常識

- □ リサーチはファクトだけを集めるべし
- □ 思考はロジックツリーを使って論理的に
- □ プレゼンは、正しさで説得する
- □ エグゼクティブサマリーは3つの要点を

> column

IDのプログラム概要

　IDの大学院のコースには、Master of Designという2年コースと、Master of Design Methodsという1年コースがあります。

　Master of Designでは、デザインとビジネスの両方に秀でたハイブリッド人材を育てることを意図しています。デザイン教育を受けたことがない学生は、これに加え1年間の写真術基礎、プロダクトデザイン基礎、インタラクションデザイン基礎などを受ける1年の集中デザイナー養成基礎コースと合わせて、最大で3年のコースになっています。

　私が参加したMaster of Design Methodsのコースは、職務経験が10年以上の人向けのExecutive MBA的なコースです。授業の中身は全て2年コースと同じですが、短期間で盛りだくさんの内容についていくのが大変です。

　留学中には他の大学のMBAやロースクールなどの、その他の分野の大学院の友人とも交流しましたが、デザインスクールの授業に特徴的だと思ったのは、デザインというアウトプットをゴールにした多数のチームプロジェクトです。

　もちろん、授業での議論への参加についてもある程度は評価されるのですが、それ以上に毎週チームメートとプロジェクトを進めるプロセスにおけるアウトプット自体の質が評価には重視されます。

　また、デザインする前提としてユーザーニーズのリサーチを重視するため、インタビューや観察などのフィールドワークの頻度

column

▌IDで学べる授業の例(筆者の場合)
デザイン思考プロセスの習得のためのモジュール

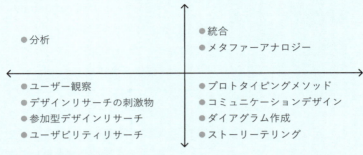

テーマ別の実践型授業
- サービスデザイン
- イノベーションと生活空間
- イノベーション戦略
- デザインコンサルティング

がたいへん多いのです。1年間で100人以上のアメリカ人に英語でインタビューをしました。

　結果論ではありますが、このインタビュー100本ノックの経験は、アメリカ人の生活をより深く理解するという意味でも、様々な人の価値観を肌感覚で体に刷り込むことができたという意味でも、とても大きなものになりました。

　授業のプログラムは、短いものでは7週間、長いものでは14週間が1セットで、それぞれのプログラムではリサーチ、リサーチのまとめ、デザイン開発、プレゼンテーションといった流れで進みます。

　IDでは、デザイン思考のプロジェクトの実務に使えるフレーム

が、図のようにしっかりと定義されており、それにあわせてさまざまな授業が構成されています。

　ダニエル・ピンクの『ハイ・コンセプト』で紹介される6つのセンスのうち、実に、共感（ユーザー観察）、全体の調和（統合）、デザイン（デザイン全般）、物語（ストーリーテリング）と4つのセンスを学ぶことができるのです。

　また、上記の体系的な授業がデザインプロジェクトを実行するためのスキル習得を目的にしているのに対し、実際の企業やNPO、政府などのクライアントがついた実践型のデザインプロジェクト（ワークショップ）の授業もありました。2012年度のワークショップのテーマは以下の通りでした（一例）。

- コワーキングスペースなどのクリエイティブな空間のリサーチプロジェクト（大手オフィス家具メーカー向け）
- 市役所のサービスを改善するためのサービスデザインプロジェクト（シカゴ市向け）
- NPO向けのコミュニケーションデザインプロジェクト（インドのNPO向け）
- ベンチャー企業向けのサービス提案プロジェクト（シカゴのベンチャーインキュベーション団体向け）

　また、冬休みや春休みの期間を利用してインドやブラジルへのリサーチトリップにも参加できますので、ビジネスやデザインの世界で注目を浴びている新興国向けの経験を養うこともできます。

chapter 2

作り手魂の学校

Think by hands!
(考えながら作るのではなく、作りながら考えよ)

マーティン・テイラー(ID客員教授)

chapter 2

議論するのではなく
手を動かして考える

　スタンフォード大学 d.school の創始者デイビッド・ケリー氏をはじめ、IDEO のデザイナーなど、多くのデザイン実務家と話をするほど強く感じるようになったことがあります。
　デザイン思考のプロセスを学ぶことは、柔道でいう「型」を習うようなもので、型の練習を繰り返しながら、最終的にはその心構えを学ぶということではないかということです。
　私は留学中の1年間、徹底的にデザインの世界に入ったことで、ビジネスマンとしての「型」が変わったことが大きく3つあります。それは、まずは手を動かすということ、批評のやり方、課題解決のためのパワフルな問いです。

プロトタイピングメソッド

　1つ目には、「まずは議論するのではなく手を動かして考えるべし」というデザイナー魂に触れたことです。
　元 IDEO の工業デザイナーとして活躍した、マーティン・テイラーが教えている「プロトタイピングメソッド」の授業は、特にノンデザイナーにたいへん人気があります。全7回の授業で様々な種類のプロトタイピングの方法を学びました。
「ビジュアルスケッチによるアイデアのプロトタイピング」、有り合わせの素材を集めた「フランケンプロトタイピング」、イメージの素材を集めた「コラージュプロトタイピング」、新しいサービスのユーザーの使用シーンをプロトタイプする「シナリオプ

ロトタイピング」、フォームコアという固い紙を使った「スケッチモデルプロトタイピング」、ユーザーのリアルな場での体験を試す「実物大体験プロトタイピング」などです。

この授業で学んだことは計り知れないほど多かったのですが、いちばん印象的だったのは、短い時間で不完全でもまずは自らの手で作った上でチームメートと議論をする、というマインドセットです。ビジネスの世界では、議論によって合意を取ることについ時間をかけてしまいがちですが、その対極になります。

最初の授業では、IDEO 流のブレーンストーミングを体験しました。「まったく新しい目覚まし時計のアイデアを考える」というお題だったのですが、「どんなに下手でもいいから、Doodle

▎プロトタイピングの授業

第 1 週	スケッチプロトタイピング
第 2 週	フランケンプロトタイピング
第 3 週	コラージュプロトタイピング
第 4 週	シナリオプロトタイピング
第 5 週	スケッチモデルプロトタイピング
第 6 週	実物大体験プロトタイピング

（落書き）でアイデアを描きながら」という条件を課されたブレーンストーミングをしました。

　絵を描くことに最初は照れもありましたが、10〜15分程度の短い時間でとにかくたくさんのアイデアを出さなくてはならず、チームメートもなぐり書きの絵をたくさん描くようになりました。どんな絵を描いても、特に何もいわれません。そうやっているうちに、他の人の絵からいろいろイメージが湧いて、他のアイデアが出てきたりします。

ビジュアルスケッチによるアイデアのプロトタイピング

　お絵描きによるブレーンストーミングは、具体的な場面をイメージする右脳が刺激され、さらに他の人のアイデアを聞くことで別の連想が生まれるといった、ブレーンストーミングを効率化する効果があります。

　ちなみに、本職のデザイナーであっても、必ずしもイラストがうまいわけではないということにも気づきました。短い時間で絵を描かなければならないとき、その絵のうまさは問われません。デザイナーは、最初は汚いちょっとしたスケッチから全てがはじまるということを知っているため、絵がうまいか下手かということをそもそもあまり気にしないのです。

　ビジネスマンむけの「ビジュアルシンキング」のワークショップが開かれるようになってきましたが、「絵が下手だから描きたくない」という人がとても多いようです。でも、実際にワークショップなどでやってみると、意外とうまい人も多いものです。

　最初は下手な第一歩でも、とにかく早く歩みを進めるというこ

とが、プロトタイピングのいちばんの心構えです。「絵を描く」という動作は、日常生活の中でいちばん簡単に右脳モードに入ることができる習慣ですので、オススメのやり方です。

その次の授業では、手描きのラフなスケッチを綺麗なスケッチにする方法も教わりました。

1　手描きでスケッチブックに描いてみて
2　トレーシングペーパーでなぞる
3　太、細の2本のペンで、線を塗り分ける（いちばん外側の外輪の線を太字にする）
4　スキャナで取り込む
5　（もしお持ちの方は）Photoshopでグレーの色を一部つける

これらのステップを経て、単なる落書きだったポンチ絵は、プレゼンにも使える「スケッチプロトタイプ」となります。手描きのポンチ絵は、実際にはスケッチプロトタイプをつくるための設計図になります。

ラピッドプロトタイピング

　ラピッドプロトタイピングとは、頭の中にあるぼんやりとしたアイデアの完成度を上げるために、少ない時間とリソースでつくるプロトタイプのことです。ビジネスの世界にいた私にとって、この考え方はたいへん新鮮でした。

　新しい目覚まし時計のアイデアとして私が考えたのは、「止めるまで走り続ける車輪のついた目覚まし」です。P.81のスケッ

チを数分で描きました。

　このアイデアをより深く考えていくと、どのくらいの大きさであれば自然にベッドに置けるのか、車輪の大きさはどのくらいかなど検討するポイントがあります。

　その後3日間の時間を与えられてスケッチモデルプロトタイプをつくりました。学校にある工房に行き、試しに形にしてみることにしました。実際につくったプロトタイプは非常に簡素で形だけのものですが、環境においてみるプロトタイプとしてはこれで十分です。実際にベッドに置いてみると、「ちょっとでかすぎて、置きたくないなあ」とか、「スイッチはここに置いたほうが良いなあ」など、改善点が山ほど見えてきます。

　また、同僚に見せてみることで、「これはうちの息子だったらほしがるだろうけど、その場合はこんなキャラクターフィギュアが使えたほうがいいかも」など自分にはない視点をもらうことができました。

　このように、とりあえず手をうごかし、机上のアイデアだったものを、ありものの素材を組み合わせて形にしてみることで、一気に新たなアイデアが生まれてきます。

　この次のステップでは、木などの素材を使ってもう少し精度の高いプロトタイプにアップグレードさせることで、より良い学びができてきます。

　このように「どうやったら頭の中にあるアイデアをあと1日で具体的にできるだろうか？」と考えることは、留学以前にはありえませんでしたが、自分自身で企画やモノを考えていくデザイン思考を実践するにあたっては、不可欠な姿勢だと思いました。

作り手魂の学校

筆者が授業中に数分で書いたスケッチ

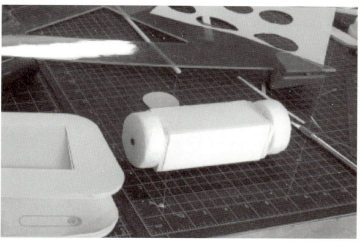

スケッチモデルプロトタイプ

chapter 2

プロトタイプに使えるツール

　このチャートはプロトタイプの様々な場面を示したものですが、日本のメーカーにとってのプロトタイプは、機能に忠実で外観も完成形に近い、右上の最終形プロトタイプを指していることがほとんどです。しかし、これをつくるには数百万円以上のお金と数ヶ月の時間を費やすため、ここまでたどり着かずに死んでしまうアイデアがたくさんあるのも事実です。

　そこで、機能プロトタイプ（たとえば、シナリオ）、外見だけが最終形に近い外見プロトタイプ（たとえば、3Dスケッチ）を使ったりしますが、さらに実現度も解像度のどちらも完成度の低いラピッドプロトタイプを日々のブレーンストーミングの後につ

▌様々な種類のプロトタイプ

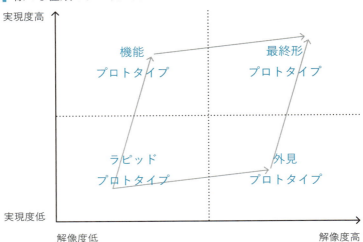

くること、つくれることを教わりました。

　その際には、下記のチャートにあるように、ビジュアル化したり形にすることでアイデアの解像度を高めたり、使用シーンやビジネスモデルをつくることで実現性を高めていくための様々なプロトタイプのメソッドが用意されています。
　そのうち簡単にできるプロトタイプのメソッドをいくつか紹介しましょう。

▎様々な種類のプロトタイプ

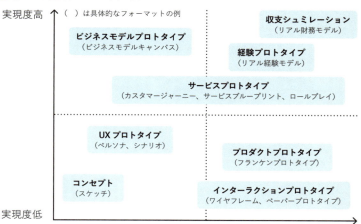

chapter 2

アイデアスケッチ

　アイデア出しをするときに、通常はポスト・イットに「写真のクラウドサービス」などのように文字で書いていくのですが、この方法をとりません。A4半分サイズに切った紙に、「商品やサービスの具体的なイメージ」や、「ユーザーがそれを使っているシーン」をポンチ絵にして描いていくというものです。全員が見える壁などに貼り出しながら、他の人の考えた絵からさらに発想して考えるのがコツです。ポンチ絵があるだけでも、一気に具体性が増します。

　これは、ポスト・イットや紙をムダにしてしまう勇気があれば、誰でも実践できます。

ポスト・イットや紙にポンチ絵でアイデアのイメージを具体的に描く

デッサン

　いったんブレーンストーミングをして新たなアイデアができたら、もう一歩踏み込んで、具体的な商品やサービスのイメージを綺麗に描いてみるのが次の段階です。

　これはコツがあります。いったん A4 サイズのポスト・イットや紙に書いたアイデアの上にトレーシングペーパーを敷き、鉛筆で清書した上にサインペンで清書し、スキャナーで取り込みます。さらに Photoshop に取り込んで、以下の写真のように一部グレーのシェイド（影）をつけるとメリハリがつきます。これを取り込めば、パワーポイントでプレゼンするのに十分なレベルになります。

スケッチプロトタイプのデッサンの例（Aaron Otani 作）

chapter 2

ユーザーシナリオ

　具体的な商品やサービスのイメージがわいたら、今度はここにユーザーの使用イメージを入れていきます。通常は4コママンガを用いて、起承転結で表現します。

　絵を描くのが苦手な人の場合は、自分たちでシーンを演じたものをカメラで撮り、その写真に吹き出しでセリフをいれていくような形でつくることもできます。

シナリオプロトタイプの例

作り手魂の学校

フランケンプロトタイプ

　いったんユーザーが使っているイメージがわけば、商品の形状をありものの素材の組み合わせで表現します。多くの場合は、紙やダンボールを使ったり、100円ショップで購入できるものの組み合わせでつくるのが良いと思います。具体的に持ってみたり触ってみることで、実際に自分の生活の中でどのように使われているかイメージがわくようになります。

フランケンプロトタイプの制作風景

chapter 2

ロールプレイ

　一度、商品やサービスのイメージがわいたら、いったんつくったユーザーシナリオとフランケンプロトタイプを使って、実際に仲間でその商品やサービスが使われている日常の1シーンを演じてみることで、具体的にユーザーがどんな気持ちになるか、どんな体験が必要かのイメージを持つことができます。

コラージュによるムードボード

　ある程度、ユーザー体験のイメージがわいたら、商品やサービスの世界観をもっと具体的にするために、ユーザーが感じる気持ちを写真であらわす「ムードボード」を作成したりします。感情やブランドイメージなど、共有することが難しい感性的な体験の

コラージュプロトタイプの例（Aaron Otani 作）

プロトタイプをするのに使える手法です。特に、Google 画像検索や、Pinterest の写真検索で写真を集めてくると良いです。

ビジネスモデルキャンバス

ユーザー体験、商品やサービスのイメージがだいたい固まったら、ビジネスモデルとして回るかどうかの検証をします。これには、アレックス・オスターワイルダー氏が考案した、世界中で使われているビジネスモデルキャンバスがとても効果的です。

まず、9つのキャンバスのうち、真ん中のユーザー価値と、右側のユーザーセグメント、右下の収益モデルを埋め、それを実現するため、他の要素を埋めていくところがポイントです。

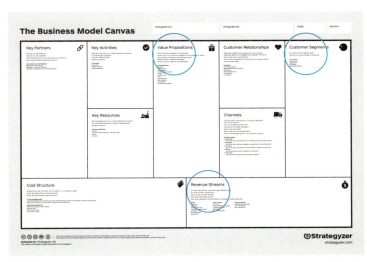

ビジネスモデルキャンバス（Strategyzer.com よりダウンロード可能）

chapter 2

不完全を受け入れ、
カオスな状態を楽しむ

　プロトタイピングメソッドの授業のもう1つの学びが、宿題で出た内容を教授を含め全員で議論するクリティーク（批評）のやり方です。
　当然、作品は不完全なものなので、ビジネスの世界のように「改善すべき点を挙げていく」とキリがありません。
　まずは、「つくったアイデアのどこが良くなりうるか？」を、ものを見ながらチームで議論していきます。もともと制作者が意図していたこととは違う意外な魅力が発見されたりもします。
　次に、「その良いところが引き立つようにどうやって改善すればいいのか」という点を議論していきます。
　この考え方は、ビジネスコーチングの世界のポジティブフィードバックの「YES, AND」とも近い考え方です。それは、基本的には「良いところ」を探す、そして良いところを伸ばす方法を一緒に考える、というものです。
　プロトタイピングメソッドの授業では、教授のマーティンが、常にニコニコしながらどんなにヘタな作品でも「ここが素晴らしい！」といってくれるキャラクターだったことも大きかったですが、どんなリーダーでも率先して作品の良い部分を見つけ、その上で改善する方向を示していけば、作り手がさらに具体的に良いものをつくりたいと思うサイクルが回るようになります。
　デザインファーム IDEO の共同創業者の1人ビル・モーグリッジも、そのような人だったそうです。すでに亡き彼ですが、亡

くなる間際に入院した病院の病室が殺風景だったのを、「この景色のあの部分が美しい」といって、どんな場面でも良いところを見出す姿勢を最後まで失わなかったという逸話があります。これは、クリエイティブを引き出すリーダーのあり方として重要なことだと思います。

　デザインの世界はビジネスに比較して、仕事や物事の進め方の構造が緩いことが特徴です。常に不完全で、カオスな部分を残した状態で、プロジェクトが進んでいくこともあります。

　たとえば、最初にプロジェクトのスケジュールを切ったとしても、状況に合わせて柔軟に見直し変更を加えるのは普通のことですし、最初にたてた仮説も大胆に壊していきます。常に落としどころをイメージして仕事をするビジネスマンからすると、ちゃんと成果がでるのか、とても不安になる要素でもあります。

　IDでは、何が正しいとか、何が間違っているという価値判断は企画段階ではほとんど行われません。価値判断つまり収束は、制作物やアウトプットに対してされるものです。逆に、議論をするときはとことん発散させ、いろいろな刺激からヒントを得ることが目的の場合がほとんどです。

　そのため日々の議論も、構造的に理解するよりもその中からヒントを探すことを目的にしてなされていることが多くなります。逆に、全体像をしっかり理解するつもりでいると、その状態はたいへん緩く、とてもカオスで不安にすら感じられるものです。

　しかし、実はそのような状態こそ、新たなアイデアが生まれやすくなっている場でもあります。むやみやたらに「明確にする」だけではなく、そのカオスを意図的につくり楽しむ、という心構えもときには重要な考え方だということを学びました。

chapter 2

より良い生活を実現するための課題を解決し作る

　IDに通う学生のデザイナーの中には、一流のデザインファーム出身の優秀なデザイナーが何人かいました。彼らに共通するポイントは、自分のアイデアをプレゼンするときに、必ずといっていいほど「私が解決したい課題は……（the problem I would like to solve is）」という言葉から話しはじめるということです。

　並みのデザイナーは、つくることを仕事にしているので「今回僕がつくったのは……（What I worked this time is）」といいたくなるものですが、優秀なデザイナーは必ず、「課題解決」をデザイナーの仕事として捉えているのです。

　デザインは、それだけで世界を良いものに変えることができるような大きな変化をいきなり生み出すことは難しくても、日常の課題を確実に解決することで、世界を〝ちょっと良いものにしつづける〟ことなら可能です。

　ですから、デザイナーにとっての課題解決とは、ユニークな視点で課題を発見し、具体的に解決策をつくりだすことです。つまり言い換えれば、デザイン思考のスキルはあくまで世の中の課題を解決するために使われ、そのために自分が小さな課題を確実に解決していくためのものです。

　また、デザイナーは「人類にとってより良い生活は何か？」という視点を常にもって、課題解決にあたることも特徴です。

　ウェアラブルセンサーや人工知能など、新たなテクノロジー

を、ビジネス的な視点でのみ捉えるのではなく、日々の生活を良くするためにどのように使うか、という視点で考えます。

　たとえば、テクノロジーをよく知る人であれば、ウェアラブルテクノロジーを「コンピューターが人の体にまで日々携帯できるようになる技術である」と認識されていると思いますが、デザイナーの視点では「情報爆発の中で困っている人々の、情報処理のストレスを減らしてあげるためにどのように使うか？」という課題に捉え直して考えます。

　デザイン思考はもともと「人間中心デザイン」とも呼ばれていましたが、人間中心という言葉の魂にある「人間が常に中心にあり、より人間らしい生活を構想し、それを実現するためにデザインの力を使う」という面が非常に重要だと思います。

　特にテクノロジーや、ビジネスサイドの市場変化のロジックだけではなく、人々の生活における良い生き方の価値を提示することで、より一般的に受け入れられやすい解決策に翻訳するというのも、デザイン思考の背景にある創造的問題解決をする上の心構えとして、大事な前提になります。

デザイナーの常識

- ☐ 作りながら考える
- ☐ 形にして議論する
- ☐ プロセスは緩く設定し、柔軟に変える
- ☐ 良い点を見つけて強める

- - - - - - - - - - - - - -

ビジネスマンの常識

- ☐ 何を作るか考えてから作る
- ☐ 前提条件をしっかり定義し、論理的正しさから結論を合意する
- ☐ プロセスは全員が明確にわかるよう構造化
- ☐ 悪い点を潰していく

```
column
```

企業カルチャーとデザイン思考

　私は、科学的マーケティングで有名な消費財メーカーであるP&Gから、イノベーションDNAで知られていたソニーに移った際、そのカルチャーの違いに新鮮な驚きを覚えました。

　それは、直接的には企業や職場特有のものですが、経営共創基盤CEOの冨山和彦さんが日本企業のことを「ゲマインシャフト」や「ムラ社会的共同体」と表現しているように、その背景には日本企業に独特のカルチャーや特徴があると感じました。典型的な特徴は以下の3点です。

- 現場主義、現物主義　現場を知っている人が大事という考え
- 人の繋がりを大事にした上で仕事をする。いろいろな人を繋げて、ボトムアップで仕事を前に進める
- 単独の目標にフォーカスするのではなく、人や環境に合わせていろいろな目的を同時に達成しようとする

　逆にいうと、外資系メーカーの文化はこの対極でした。

- マーケットの全体観を知り、データで語れる人が偉いという考え
- 組織図を理解した上で、最もパワーがある人を落として仕事を前に進める

```
column
```

- 何かのアクションをするときには1つの目標を絞って徹底的にフォーカスすべし

　デザイン思考がどのように発揮されているかという視点で捉えると、情報を統合し戦略意思決定を行うという価値創造をトップから要求され発揮している外資系のトップダウンの文化に対して、日本企業ではむしろ、一部のリーダーのみならず社員が現場の情報を元に価値創造を求められていることが特徴であり、逆に言うと現場からの変革の余地があるともいえます。

　TOYOTAの「カイゼン」は、ボトムアップ型のイノベーション文化の象徴的なものです。「カイゼン」をGEが「シックスシグマ」として翻訳したように、実はデザイン思考はかつてのソニーをはじめとする日本企業の現場で実行されていたことが、欧米で再解釈・フレームワーク化され、いま逆輸入されているのではないかと思うことがあります。

　ソニーを創業当時から知っているマネジメント経験者の方に話を聞いたところ、1970年代のソニーでは、全社でKJ法（4章コラムで解説）を実施していたといいます。

　ただし、過去の日本の〝デザイン思考〟になかったものがあるとしたら、現場の知恵や発想を自分が信じる主観的で強烈な価値観や世界観をもとに統合して世界に提示していくということではないでしょうか。これは、欧米のキャッチアップを終えた成熟国家だからこそ、新たにはじめるべきことだと思っています。

chapter 3

創造的問題解決の羅針盤

計画を立てるのに必要なコストはどんどん上がっているのに計画自体はそれほど正確でも有益でもありません。しかし強力なコンパスを持つことで目指すべき方向がわかりました。地図よりもコンパスを。

伊藤穰一（MIT Medialab所長）

chapter 3

羅針盤としてのデザイン思考プロセス

　IDに入学してまず学ぶのは、デザイン思考の羅針盤ともいうべき「デザインプロセス」です。これはあるテーマにおいて、人の生活から独自のユニークな課題を発見し、創造的な切り口で解決していくためのコンセプトをつくったり、具体的な解決策を具現化したプロトタイプをつくるための方法論です。

　デザイン思考というと、「ワークショップをしながら、人の行動観察、アイデア出しをして、プロトタイプをつくるやつでしょ？」というイメージをもつ方もいらっしゃるかもしれません。日本では、スタンフォード大学が提唱している「5ステップ」が有名です。
　IDEOやfrogをはじめとしたデザインコンサルティング会社で、未来ビジョンの策定、新規サービス開発などのコンサルティングプロジェクトに広く使われているアプローチでもあります。
　IDで学ぶデザイン思考のプロセスも、同様のステップを経るものです。これらのプロセスを、実際に本物の企業をクライアントとする〝デザインコンサルティング〟のプロジェクトを実践することで学びます。

　では、そもそもデザイン思考が実際のビジネスに役立つ場面とはどのようなものなのでしょうか？　それは、既存のビジネスの枠を超えた新たな商品やサービスの開発の必要性に迫られているときや、新規事業創造やブランドの立て直しなど、0の状態から

1（ときにはマイナスからの1かもしれません）をつくりださなければいけない局面です。そのような場合には、課題が明らかではない場合が多く、また、必ずしも「こうしたら成功する」という勝ち筋が見えているわけでもありません。

　どこに向かうかを全員が共有していないタイミングで、チームで課題を発見し、自分たちが解決できる切り口を見つけて、解決するアイデアを具体化するプロセスは、ステップ1、ステップ2、ステップ3という形で明確には進みません。
　迂回しながら、試行錯誤しながら、前に進んでいく必要があります。
　そのため、アプローチの仕方も、従来のMBA的なフレームワークよりも柔軟性の高いものが求められます。
　実際にプロジェクトを進めてみると、このデザインプロセスの型は、「いま自分たちが知らない何か新しいものを暗中模索の中でつくりだすための、チームにとってのコンパス」として機能します。コンパスは、自分たちがいる位置によって指し示す方向が異なります。先が見えないチームにとって、これからどっちの方向に向かえばいいかを指示してくれるガイドのようなものです。

　よく「デザイン思考のステップ通りにやっても良い結果につながらないんだけれど、どうしたらいいのですか？」という相談を受けるのですが、デザイン思考のプロセスは、ステップではなく、何度も行き来を繰り返して質を上げていくものなので、同じガイドでも地図というよりは羅針盤に近いものです。
　その際に重要なのは、以下の2つのモードを振れ幅大きく行き

来することで、課題や解決策を次第に具現化していくことです。

1　具体と抽象の振れ幅
　　Aさんの日々の生活の物語を集めたり、アイデアの具体的な利用シーンや細部のこだわりを考える「具体」と、チームとして見つけた潜在ニーズの中から本当に大事なインサイトを決めたり、チームとして解決していくユーザー課題を再設定するという「抽象化」とを行き来すること

2　現実と未来の振れ幅
　　ユーザーが今どのような生活をしているかを代表とした「現実の世界を知る」ことと、自分たちの内面に向き合いながらつくりたい世界を構想して「未来を形にすること」とを行き来すること

　デザインプロセスは、この2つを行き来しながら図のように4つのモード（リサーチ、分析、統合、プロトタイピング）をぐるぐる短時間で何度も回し、デザインする商品やサービスをどんどん具体的なものにしていくサイクル型で進めることで、不確実な状況下で柔軟に対応できるようにします。

　日本企業にはTOYOTAのカンバン方式に代表されるように、伝統的に現場主義で、現場でやってみて（＝リサーチ）、その上で改善したモノを作ること（プロトタイプ）を繰り返すという志向性が強くあります。具体的な現場を調べて、改善策をつくることを繰り返すわけです。これは、すでに存在しているプロセ

創造的問題解決の羅針盤

1→∞のプロセス

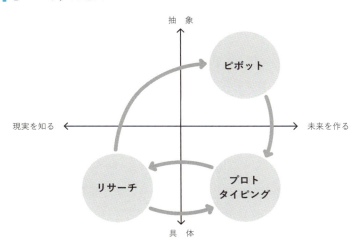

0→1のプロセス

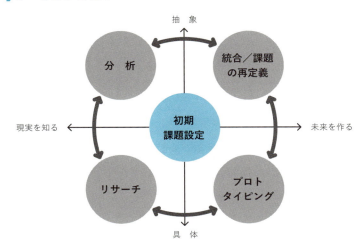

101

スなりプロトタイプを改善していくのに非常に長けています（1→∞にしていくプロセス）。

それに対し、デザイン思考の特徴は何をつくるかが決まっていないときに、リサーチを行って得た具体的なインサイトを、分析、統合という抽象的なプロセスでコンセプトとして凝縮した上で、プロトタイプを作り上げるやり方です（0→1にしていくプロセス）。

なぜそんなに面倒なことをあえてやるのかと思われるかもしれませんが、これには理由があります。
デザイン思考によるデザインプロセスを実践する目的は、「人の生活に寄り添った商品やサービスを、ゼロベースで発想する」ことです。自分の生活実感に根差したアイデアを、とりあえず形にしてみるというやり方もありますが、一方ではニッチになってしまう可能性もあります。
リサーチ、分析、統合というプロセスを経ることで、自分たちが無意識で持っていた思い込みを壊し、ユーザーに寄り添った商品やサービス、チーム全員の向かう方向を同じく設計することができるようになります。

たとえば、「シニア向けのスマホをデザインする」というお題が出されたとき、普通に発想すると「文字が大きく、つねに居場所がわかる機能を搭載する」というアイデアが出てくると思います。しかし、実際にインタビューを進めてみると、「いつまでたっても現役で活躍できるような、生活をサポートしてくれるスマ

ホがいい」という声も出てきます。そうすると、あえて〝シニア向けのイメージを出さないスマホ〟の方が良いかもしれません。

これはあくまで一例ですが、ユーザーに寄り添った商品・サービスをつくるためには、現場を見わたして、自分や組織が無意識に持ってしまっているステレオタイプを一度壊していく必要があります。「自分たちは結構ユーザーの生活を知っているから」という方もいますが、実際にデザインリサーチしてみて「やっぱりそうだった」といっているのを見たことは一度もありません。

デザイン思考は、自分がそれほど詳しくない新しい分野の企画を考える上で、ユーザーの生活感を肌で理解し、よりユーザーの生活を良くする商品・サービスをつくるための非常にパワフルな方法論です。

基本となるアイデアが特定できると、今度はそれをリーンスタートアップやアジャイル開発などのように、高速でプロトタイプをつくり、お客さんに見せながら率直な意見をもらい、改善していくというサイクルに繋げることができます。

MBA 型マーケティングによる商品開発プロセスとの違い

ちなみに、P＆Gなどの組織で通常使われている、いわゆるMBA 型のマーケティングにおけるユーザー理解を徹底的に行った上で商品開発を行う左脳的なアプローチと、デザイン思考の商品・サービス開発のアプローチは、表面的に似ている面もありま

すが、実際にはまったくの別物です。その共通点と違いについて説明します。

共通点については以下が挙げられます。
- ユーザーの理解を出発点として、その学びを徹底的に分析し、課題を抽出するということ
- ユーザーインサイトに従って意思決定をしていくこと

次に、違う点については以下が挙げられます。
- リサーチ
    マーケティング……市場を代表するユーザーを正しく理解し、平均的に満たされていないニーズを特定する
    デザイン思考……特徴のあるユーザーの生活に徹底的に共感し、コンセプトを考える上で良い切り口になるような生活者のストーリーを発見し、紡ぎだす

- 分析
    マーケティング……様々なサンプルから得られたデータを用いて、共通していえる事実を抽出し、わかりやすいサマリーで、チームやクライアントと戦略に合意をとる
    デザイン思考……印象的な生の声やストーリーを収集したり、フレームワークを使ってリサーチでは直接得られなかった生活者のインサイトを想像し、出来るだけ生の温度感のままチームやクライアントに伝え一緒に意味合いを考える

- 統合／課題の再定義

    マーケティング……リサーチで学んだインサイトを箇条書きにしてまとめ、戦略の変更がある場合は明記する

    デザイン思考……リサーチで学んだインサイトの関係性を図示し、1枚のビジュアルで表現する。チームとして解決したいと確信した、課題を解決するための宣言文をつくる

- プロトタイピング

    マーケティング……商品戦略とコンセプトをまず固め、正式なプロジェクトチームを組んで製品開発へ移行し、本格的にプロトタイプをつくる

    デザイン思考……初期アイデアの段階で、簡単なプロトタイプを作成し、顧客に提示し検証することで、どのアイデアを次のプロトタイプに進めるかを判断する

　上記のように、リサーチと分析の段階では、やっていることは共通に見えますがやり方は全然違います。デザイン思考においては、誰もが同意できる「客観的な正しさ」よりも、アイデアを生み出すためのユニークな「主観的だが面白いストーリー」を集めるという点に主眼が置かれます。

　留学中に、IDEOの方の前でリサーチのインサイトを発表したときに、「正しいのだろうけど、面白くない」というフィードバックをもらったことがあります。アイデアを生むためには、たとえ少ない1人のサンプルでも、より新たな視点をあたえてくれるストーリーをしっかり広げていくことが重要だというのは、大きな発見でした。

また、統合とプロトタイピングの段階は、デザイン思考特有の方法論といえるかもしれません。デザイン思考のプロジェクトでは、価値の8割はこの2つのステップで生まれます。それだけ、新たな価値を生む上で重要なプロセスなのですが、過去の自分の仕事を振り返ったときに、このようなことをほとんどやっていなかったことに気づいて愕然とした記憶があります。「普段の仕事では、意図的にこのようなステップに時間を使わないと、新たな切り口を生み出すことはできない」のだ、と痛感しました。

　このように、それぞれのプロセスにおいてもやり方が異なるのですが、それ以上に違うのが、このプロセスの進め方です。MBA的なマーケティングが、ベルトコンベア式に「ステップバイステップ」で進められていくのに対し、デザイン思考はそれぞれの4つのモードを都度切り替えて、短いサイクルで進めていくのが特徴です。

デザイン思考プロセスに存在する4つのモード

　デザイン思考は、目、耳、鼻などの五感の感覚器、右脳左脳などの頭、そして手足という全身をフル活用する方法論ですが、各モードで使用される身体の感覚器は違っています。

　モードを切り替えるといってもなかなかイメージしにくいと思いますので、本書では次ページ図のように4つのモードをイラストで表現してみました。
　リサーチ、分析、統合、プロトタイピングの4つのモードは、旅人、ジャーナリスト、編集者、クラフトマンにたとえられます。

- 旅人（リサーチ）
    まず、旅人のように非日常の場に訪れ、体全体を使って現場を感じ、好奇心を持ちながら普段自分が知らない世界に徹底的に浸ります。その非日常で感じた興奮を残しておくために、必死でメモを取ったり、写真におさめたりします。旅人といっても、事前にあまり予定を決めすぎず、現地で知らない場所を歩き回ったり、そこで出会った人との語りをブログにアップする旅人のイメージです。

- ジャーナリスト（分析）
    旅から帰ってきたら取材後のジャーナリストのようにその

デザイン思考プロセス

記録したノートや写真、動画映像の膨大な情報を仲間と一緒に左脳を使って「消化」

知的好奇心に素直に、目や耳、口、鼻を使って、現場の雰囲気を「感じる」

旅の内容をメモや写真から振り返り、正しく伝えられる事実と自分なりに感じた解釈を左脳を使って分析し、腹に落として消化します。

- 編集者（統合）
  自分が旅で得た様々な事実や新たな切り口を刺激にしながら、ユーザーが生活の中で困っていることや価値観を、雑誌編集者のように切れ味鋭いキャッチコピーと、印象的な写真を使って1枚の絵で表現します。AERAなどの雑誌をイメージしていただくとわかりやすいかもしれません。

- クラフトマン（プロトタイピング）
  最後は、イメージした世界観の中で実在したらいいなと思える商品やサービスなどのアイデアを、クラフトマンのように手を動かしてカタチにして実現するというものです。工作好きな理系の人のイメージですが、DIY好きなお父さんや、創意工夫のある主婦のようなイメージでもあります。

　これらの4つのモードを切り替えながら、ユーザーが抱える問題をデザインの力を使って解決をしていくことが、デザイン思考を実践するチームに求められるスキルです。
　しかし、旅人であり、ジャーナリストであり、編集者でもあり、しかもエンジニアリングもすべて1人でこなす人はなかなかいるものではありません。
　ですから、いずれかのスキルをもった人が集まってチームとなり、チーム全体として上記のような頭の切り替えができるよう、

フェーズごとに得意な人がリードして、プロジェクトを進めていくことが、デザイン思考のプロジェクトを回していく上でとても重要なのです。

実際、IDでチームを組む場合は「リサーチ好きの人（リサーチ、分析モード）」「デザイン好きの人（統合モード）」「つくるのが好きな人（プロトタイプモード）」に分かれ、バランス良くチームを組んでいました。

では、具体的にそれぞれ4つのモードとはどのようなものでしょうか。

- 旅人のモードになるには
    目や耳、口、鼻を使って、現場の雰囲気を「感じ」ます。できるだけ多くの具体的なイメージを五感で感じ、目の前のユーザーの生活に共感します。
    感じたことを記録としてできるだけ多く残してください。カメラやメモを活用します。

- ジャーナリストのモードになるには
    旅人のモードで記録したノートや写真、動画映像などを、左脳を使って「消化」します。ここでは、事実と解釈をしっかり分け、リサーチで得たことをしっかりとデータ化することが重要です。エクセルのシートや動画アップロードのサイトを活用します。

- 編集者のモードになるには

    ジャーナリストのモードで得た様々な刺激から、世の中を自分たちのユニークな切り口で表現して提示します。ここでは、右脳を使うことがポイントです。受け手の視点を変える新たなスローガン、比喩、イメージビジュアルなどを駆使し、皆が普段知っている世界に新たな額やフィルターをかけて提示することが重要です。ここでは、ポスト・イットと模造紙、そしてコンセプトを伝えるコピーライティングと、写真、イラストなどを活用します。

- クラフトマンのモードになるには

    新たな世界観において求められる商品やサービスのアイデアを世の中に生み出すため、手を動かして具体的なカタチにします。ここでは、スケッチブックやパソコン、工作機械、基盤、3Dプリンターなどのプロトタイプ道具が主なツールになります。

魂を入れる部分

　このプロセスの中で、1つ特筆すべき関門があります。それは、編集者とクラフトマンの間にある、「デザイン課題を特定し、魂を入れる」ところです。

　デザイン思考プロジェクトでは、自分たちのユニークな見方でユーザーの課題を発見するまで、つまり編集者のモードまでは、主語がすべて「ユーザー」です。それに対して、自分たちが解決するデザイン課題を決め、クラフトマンに移行する段階で、主語が「自分たち」に変わります。

デザイン課題が「他人のため」で自分ごとになりきっていないチームのプロジェクトは、イノベーションを実現するために待ち受けている様々な課題に打ち勝てず自然消滅してしまうことが多くなります。

　魂を入れるには、しっかりとスローガンなどをつくって言語化するのがポイントになりますが、そのためのパワフルな質問文のフォーマットがあります。
　それは、「How might we……」という形ではじまる、自分たちを主語にしてデザインチームの解決すべき課題に魂を入れるというものです。
　ビジネスの場面ではよく、「……が課題である」という課題定義がなされることが多いと思うのですが、デザイン思考では「我々はどうやって……を実現するか？」という書き方でチームの宣言文（ビジョン）をつくります。
　「言葉は世界をつくる」といいますが、良い宣言文はチームの創造力に火をつけることになりますし、自分たちが主語の質問をつくることで、チームの意志に魂が入るのです。

実際のデザイン思考プロジェクトの進み方

　実際にどのようにプロジェクトを進めていくのかのイメージを持っていただくため、『101のデザインメソッド』（英治出版）の著者としても有名なヴィジェイ・クーマー教授によるIDの人気のクラス「プラニングワークショップ」を1つの例に、それぞれのステージで起こったことについてご紹介します。

このクラスでは、実在のクライアントに対する3ヶ月の実践型デザインコンサルティングを行います。クライアントと働きながら、人間中心デザインプロセスによる提案をひととおり、体験することができます。

プロジェクトのテーマとして、いくつかのクライアント企業の課題テーマが示され、学生はその中から興味のあるテーマを選び、新たなサービス提案をします。

私が参加した授業には3つのテーマがあり、私たちのチームは世界的に有名なCADのソフトウェアを制作する会社の「クラウド時代におけるデザイン教育とは」をテーマとして選びました。

チームのメンバーは私の他に、シカゴの有名なデザインリサーチ会社でのキャリアがある日系ポーランド人のダグラスと、P＆Gの本社R＆D部門で働いていたパトリシアでした。2人ともかなりのキャリアの持ち主です。

それぞれのプロセスでどのようなことを学んだのかを、授業の記録をもとに見てみようと思います。なお本章での事例は、特別な言及がない限り、このCADの会社に対するデザインコンサルティングの演習に関することです。

課題特定のための初期リサーチ

自分たちが取り組む切り口の背景を理解する

　最初の2週間は、初期課題特定のためのプロセスに取り組みました。「初期」としているのは、まだユーザーの問題を発見するための掘りどころを仮に設定するという位置づけであるためです。

　CADソフトのクラウド型デザイン教育プラットフォームをつくるというテーマに対しては、まずはプロジェクトの背景を理解するために、企業のデザイン部門の部長との電話会議からスタートしました。
　その結果、将来ソフトウェアがクラウドで動くようになるという技術的な変化を捉え、この変化をユーザー目線でデザインすると、どのようなソフトウェア体験をつくる必要があるのかが、彼の問題意識のきっかけだということがわかりました。

デスクリサーチをしてトレンドの全体像を把握する

　まずはチームとして深掘りするリサーチのテーマを決めるため、様々な角度からのデスクリサーチがスタートします。このプロセスは、いわゆる通常のマーケティングリサーチや、コンサルタントが行う初期的なデスクリサーチと同様です。主にインターネットを情報源として、クラウドビジネスの業界の動向や、クライアントの会社の市場の動向などを分析しました。
　IDでは、基本的にリサーチテーマの分担はしますが、それぞ

chapter 3

3 チームみんなで分析

Co-analysis
デブリーフィング生コメントのポスト・イット＋写真を素材として、一人ひとりのインサイトをチームで分析

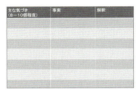

デブリーフィング
リサーチ終了後、その場で学びをまとめ、Googleドキュメントで全員に共有

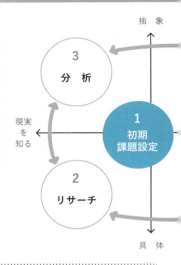

2 リサーチ（フィールドワーク）

訪問観察調査

理想的には20件ほどの訪問観察調査。写真、ビデオ撮影、ノートが主なデータソースとなる

Online interview

Google+ Hangouts＋Screen flowによるオンラインインタビューとそのレコーディングも補完的に使われる

1 課題特定のための初期リサーチ

トレンド分析

	過去	変化	未来
技術			
人			
文化			
ビジネス			

歴史分析

	時代1	時代2	時代3
年代			
ユーザー			
用途			
技術			

過去、現在、未来や歴史の視点から、体験の本質的意味を見直し、初期課題を特定

創造的問題解決の羅針盤

4 インサイトの統合と課題の再定義

フレームワーク作り

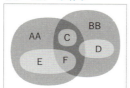

主な学びを抽出し、それぞれの関係性を図示する

デザイン課題特定

How Might We……形式で、重要なインサイトに対するデザイン課題を「チャレンジ」の形式で表現

ポンチ絵による解決アイデアのブレーンストーミング

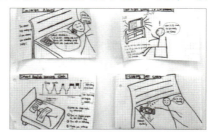

上記課題に対する解決アイデアを、ポンチ絵の形式でブレーンストーミングをする。重要な機会についてのインサイトをより伝えるために、解決策もともに提示する

5・6 解決策のプロトタイプコミュニケーション

プレゼン＋ワークショップ

クライアント参加型WS形式によるプレゼンをすることで、インサイトを体感してもらう

様々なプロトタイピングのツール

KP パートナー	KA 主要活動	VP 価値提案	CR 顧客関係	CS 顧客セグメント
	KR リソース		CH チャネル	
C$ コスト構造			R$ 収益の流れ	

ビジネスモデルとして回るかどうかを検討する。加えてビデオ、ポスター、カードなどによる視覚、体感に訴えかける伝え方を工夫

chapter 3

れが学んでいることを常にリアルタイムで見える化しながら進めていく、コラボレーションの働き方が一般的です。

　いくつかデスクリサーチの切り口を決めたところで、ミーティングをしながら、Googleドキュメントを使い、各自のデスクリサーチの学びをまとめるためのフレームワークをつくっていきました。

　市場の動向についてはおなじみの3C（Consumer：消費者、Competitor：競合、Company：自社）、環境変化についてはPEST分析（Political：政治、Economic：経済、Social：社会、Technological：技術）を使うところは、普通のマーケティングリサーチの進め方と同様です。
「デザイン教育」の歴史を追っていく時代分析や、「クラウド」を過去、現在、未来で分析するトレンド分析などのフレームワークを活用しました。時代分析やトレンド分析は、時代が長期的にどのような方向に流れているのかという視野を持つのに役立ちます。

　時代分析は、「そもそも、なぜこのようなサービスが必要なのか？」という本質に戻って考えるものです。

　トレンド分析は、世の中に起こっている様々な変化の中で、今のカテゴリーを破壊するようなイノベーションの種を探したり、ビジネス、テクノロジー、消費者（デザイン）のどのサイドにイノベーションが起こりそうかの仮説を立てるのに役立ちます。

　歴史分析、トレンド分析ともに、他の文献で手法の進め方は説明されていますが、デザインスクール流のやり方では、Dropbox

▍歴史分析のフレームワーク例

時代の名前	過去				現在	未来
	時代1	時代2	時代3	時代4	時代5	時代6
年代						
主なデバイス						
ユーザー価値						
新たな価値を提案している兆し						

▍トレンド分析のフレームワーク

	過去	現在	未来
生活者			
テクノロジー			
ビジネスモデル			

でグループの共有フォルダにそれぞれのメンバーがリサーチ結果を保存し共有していくことが特徴的でした。

「デザイン教育を変える可能性のあるトレンド」という広いテーマで、みんながリサーチし、探してきたイメージを写真で共有することになりました。

　写真を集めるリサーチの方法は、私もそれまでやったことがなかったのですが、具体的な商品やサービスの世界観がイメージしやすくなるため、おぼろげながら新たなサービスをイメージしやすくなると感じました。

　また、それぞれのチームメンバーの趣味趣向が出やすいので、チームとして議論をすすめていく上での土台づくりとして役立ちました。

リサーチテーマの仮説だし

　これらの前提知識をもとに、リサーチで問いかけるテーマを決めました。

　今回のリサーチでは、大きなトレンドとして1）プロ用ソフトウェアのフリー化、2）コミュニティによる学び合いの流れが起こりそうだという初期リサーチの結果、以上の2点から「Google SketchUpなどの無料で手軽な3D CADソフトウェアが出ている中、難しく挫折しやすいプロ向けのソフトウェアを習得しやすい学習体験に変えていく必要があるのではないか」という仮説に行き着きました。

初期課題の設定のステージのまとめ

　このステージは、ビジネススクールと同様に、短い時間で大事

な情報をいかにフレームワークを使って共有、整理するかというスキルのトレーニングでした。今回のプロジェクトでは1週間という短期間で情報を集めました。

　一方で、探していく情報の種類は、歴史やトレンドの事例を数多くのビジュアルで収集していくため、ビジネススクールのスタイルとは異なっていたはずです。

　ビジュアルデータでリサーチをすすめることは、リサーチの質を一気に高める良い手法だと考えます。デザイナーであっても、戦略コンサルティングファームのアナリストのような分析のスキルを発揮することができます。

　一方で、ビジュアルではまとめにくいように思う方は、トレンド分析や歴史分析のフレームワークを活用し、文章でまとめても構いません。

chapter 3

デザインリサーチ

　次に、デザインリサーチのプロセスでは、ユーザーのニーズを理解すること以上に、「ユーザーの気持ちに共感できるようになる」ことや、「自分とは違う生活をしている人たちの生活文脈を感じる」ことが大事になります。
　いかに「自分たちの今の世界から飛び出て違う世界を感じるか」というマインドセットがとても大事です。
　自分たちは、どんなことで困っている人の生活をどのようによくしてあげられるのだろうかという具体的なイメージをチーム全員でもてたら、成功といえるでしょう。
　ここで注意したいのは、現状を理解しにいって市場に存在するニーズを探ってくるだけではなく、「どんなものをつくったら良いのか」というイメージのインスピレーションを得られるリサーチ体験を設計するということです。
　通常のマーケティングリサーチは、公平性、中立性を期すために、対象のユーザー選びの基準を厳密にするなど、できる限り再現性のある方法をとります。これに対し、デザインリサーチでは「デザインをする際のヒントを見つけること」が目的なので、もう少し緩く設定します。
　「どういうものを見たら楽しそうか」という自分たちの直感や、意志などもリサーチの企画の際に入れこむことが大事です。

リサーチの企画

　まずは、どんなユーザーが最もヒントを与えてくれそうかを考

えていきます。たとえば、

1　新たなサービスをほしがっているターゲットユーザーは誰なのか
2　そのサービスをすでに自分なりに工夫してつくっているような、トレンドを先取りしているユーザーは誰なのか
3　その分野に詳しい専門家は誰なのか

　というような3つの視点で、リサーチ対象の属性や条件をまずは自分の周りの人からイメージします。ここで面白いのは、「具体的な人」から先にイメージを膨らませていくことです。通常のマーケティングは「20～30代、男性、○○好き」という形で基準を決めてからリサーチに入ることが多いのですが、ここでは身のまわりの具体的な人のイメージからスタートするのです。

　一旦、候補をチームでリストアップしたら、それを次ページ図のように4象限にプロットしていきます。初期の段階ではできるだけ幅広く、効率的に聞けそうな人を挙げるのがいいでしょう。
　デザインリサーチでは、「できるだけ極端な」ユーザーを見つけてリサーチをするので、どんなことに極端な人をリサーチするのかを洗い出すためにも、この4象限は有効です。一度軸を決めたら、4象限のいちばん極端なユーザーから順にリサーチしていきます。

　3D CADに関わる今回のリサーチでは、プロの建築家やゲームプログラマーのような超プロのユーザーから、3Dプリンター

chapter 3

■ インタビュー相手を4象限にまとめる

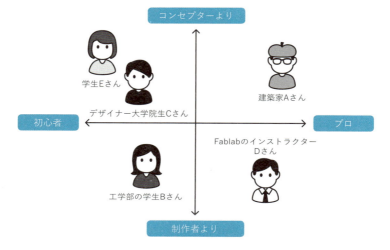

　に興味を持っている程度の初心者まで、熟練度に大きく差がありそうなユーザー像となりました。

　また、CADを利用するシーンも、製品のデザインをつくるパターン（最終製品に近い）と、建築の模型をつくるために使う場合でもかなり違いがありそうです。

　そのため、横軸には「初心者⇔プロ」、縦軸には「デザインだけするコンセプター⇔制作者」を設定しました。

　最終的には、どれだけ本格的にソフトウェアを学ばねばならないかによってニーズが違うはずだという仮説を立て、16人の様々なユーザーのインタビューと3つの大学の授業やデザインスタジオの観察などのリサーチプランをつくりました。

インタビューの実践

次はインタビューです。FGI（フォーカスグループインタビュー）を多用するマーケティングリサーチと異なり、デプスインタビューと呼ばれる1対1のインタビューや、それに観察を加えたエスノグラフィーが多く使われます。

また、こだわりの強いエクストリームユーザーを選んだり、その分野のトレンドを熟知しているエキスパートインタビューを多用するのも特徴です。

まず、リサーチで最低限カバーすべき質問内容を考えて質問紙を作成し、だいたいユーザー1人に対しリサーチャーは2人ペアで、1時間ほどのインタビューを行います。

インタビューの内容は、そのユーザーの基本情報、1日の生活パターンからはじまり、どのようにしてデザインを学んだのかの歴史を時系列で描いてもらい、それぞれのプロセスでの課題について詳しく聞きました。最後に、彼らが考える理想のデザイン教育についてアイデアだしをしてもらいます。

3D CADの演習では、4人のチームメンバーが手分けして、2人1組のチームにわかれ、合計20人のインタビューを行いました。基本的に必ずスチルカメラとビデオカメラを持っていき、その環境やその人の話を全て録画します。

インタビュー相手が遠くに住んでいる場合、複数人が同時にビデオで参加できるGoogle+ Hangoutsを活用し、スクリーンを録画しながらインタビューをしました。

インタビューが終わると、簡単にGoogleドキュメント上にまとめシートを作成し、近くのカフェで主な気づき、学びだけを先

デブリーフィングのまとめシート

にまとめてしまいます。

　また、インタビュー中に撮ったビデオは Viddlr（http://viddlr.com/）などのオンラインのビデオ共有サイトにアップロードします。Viddlr では、ビデオのタイムライン上にタグをつけてコメントを残すことができますので、特に印象的だった部分にメモを残していきました。これは後のステージで生きてきます。

　ポイントは、リサーチの気づきをチームで振り返ったのちに、後で加工しやすいように物理的にデータ化することです。実際にはポスト・イットを使って、学びは黄色、気づきは青というように、色を変えて記録していきます。

創造的問題解決の羅針盤

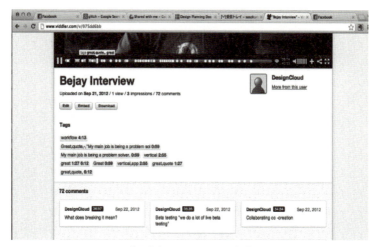

動画共有サイトViddlrで印象的なコメントを動画にタグ付け

　やってみるとわかるのですが、1回のインタビューでの学びの数は50〜100にも及びます。膨大な学びの数がありますので、記録の仕方をしっかりルール化し、その場で記録し、「安心して忘れられるようにする」という習慣をつくっていきます。

　リサーチの最後には、20人のインタビュー先の中から建築、デザイン、エンジニアの代表として1人ずつに集まってもらい、ワークショップ型のコクリエーション型リサーチを行いました。
　それぞれの分野で、プロジェクトがはじまってからどのようなステップでデザイン作業を進めるかというテーマで、彼らの日常でCADを使っている場面のステップを振り返って大きな模造紙に書いてもらい、その作業のイメージに近い写真を貼っていってもらいます。素材としては、事前に用意した雑誌や、写真の切り

chapter 3

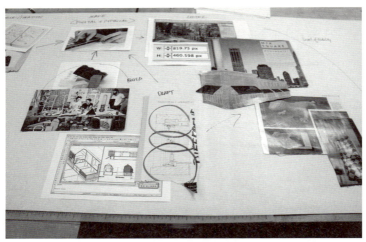

コクリエーション・ワークショップにより制作プロセスを写真で表現してもらう

抜きを使ってもらいました。

　模造紙にでき上がった流れを発表してもらい、なぜそのイメージを選んで貼ったのかを深掘りしたり、それぞれのステップで特に困っていることをヒアリングしていきます。

　このように、ビジュアルなどの刺激物を用意し、彼ら自身につくってもらう形のリサーチをすることで、頭の中で行われていてとても見えにくい〝デザイン〟の作業が、外から見ても具体的にイメージできるようになります。

リサーチプロセスのモード

　ここでは、一つひとつの現場での経験を楽しみ、ちょっとした細部にも目を配り、興味を持ったことには質問を繰り返す、好奇

心あふれる旅人のようなモードで過ごすことが大事です。

　リサーチに行く先を考えるときに、旅の企画を立てるように「どこに行ったら楽しいかな？」「会いたい人は誰だろう？」という視点から選ぶのも大事です。

　旅行に行ったら、全てが新しく、変なもの、細かいものにもカメラを構えてしまうと思います。それと同じように、お宅訪問をしたら、ユーザーの部屋だけではなく、ちょっとした置物などもその人のキャラクターを表すヒントとして写真を撮っておくのが良いリサーチになります。

　また、現場で意外な出会いがあることも多いので、あまり事前に予定を決めすぎず、柔軟に対応することも必要になると思います。

chapter 3

分析

　分析プロセスとは、リサーチの段階で得た膨大な「新たな情報」を、チーム全員でしっかり消化し、気づきに変えていくステージです。

　分析というと、1人でじっくり時間をとってパワーポイントを見ながら作業するというイメージをもたれる方が多いと思うのですが、デザイン思考での分析は、リサーチの写真や学びのノート、Googleドキュメント上でのまとめを、チームみんなで共有し、意味合いを一緒に出すのが特徴です。

　ワークショップの授業では、3人で手分けして20人にも及ぶリサーチをしました（最初は2〜3人でやるだけでも効果的なので、いきなりこんなに多くのリサーチをやる必要はありません）。

データをチームメンバーと消化するプロセス分析

　ここまでに、それぞれのインタビューでの主な気づき、膨大な写真、ビデオ上の印象的なコメントを挙げてきましたので、これらを全てプリントアウトした上で、4時間あまりを使ってまとめに入ります。4時間使えるミーティングルームを取り、大きな模造紙とポスト・イット、ペンを用意してスタートです。

　ここのポイントは、たくさん模造紙を貼って、一目で見られる広いスペースを確保することです。

　まずは、インタビューの主な要点を担当した人が話しながら、その主な気づきをポスト・イットに書き込んでいきます。メンバ

ーはそこに印象的だったコメントを書いて貼り付けていくなど、新たな気づきを追加していきます。

　自分でインタビューしたユーザーの話をしながら、リサーチに行っていないチームメンバーにいろいろ質問されることで、学びの質が深まります。通常このような場合では、サマリーをパワーポイントのファイルに詰め込んでしまうことも多いと思うのですが、ここでは一人ひとりが気づいた学びを1つずつ具体的に共有し、意味合いをみんなで考えることが重要なのだと思いました。

　このプロセスのコツとして、学び→気づき→アイデアとそれぞれでポスト・イットの色を変え、気づきやアイデアをその場の振り返りでできるだけ出していくことです。気づきのポスト・イットがたくさん出ていれば、良いリサーチができているという証拠です。

　似ている学びは1つの塊にしてまとめ、その塊ごとに気づきが貼られていきます。この段階ではアイデア出しが目的ではないのですが、いろいろな話をしているうちにアイデアは出てくるものです。

　いったん出し終えたら、Viddlr上に記録していたユーザーの生のコメントをプリントアウトして貼りつけておくことで、後でどのユーザーのコメントを基に気づきが出たのかということが追いかけやすくなります。

分析作業に役に立つフレームワーク

　分析作業を行う際に役立つ手法としてオーソドックスなのは、1人のユーザーごとに模造紙を1枚使って学びをクラスター化し

てまとめていく方法（KJ法）ですが、この方法は自分たちで構造をつくる必要があり、難易度が高い場合もあります。良い気づきを深めていくために様々なフレームワークがありますが、代表的なツールとして共感マップを紹介します。

共感マップ

　様々なユーザーへのインタビューの気づきをまとめ、共感を深めるためのフレームワークのひとつに、共感マップがあります。「人の気持ち」という視点からインサイトをまとめるのに適しており、複数のインタビューを行った後で、代表的な学びをまとめるときに使用します。

　特に、インタビューでは、被インタビュー者が「言ったこと」については、簡単に撮れるのですが、彼や彼女が実際に「見ているもの」や「聞いているもの」「考えていること」については、その場の環境の文脈をもとに改めてチームで考えてみると、表面的には見えてないピースが見えてくることが多くなります。そういう意味で、インタビューした人を中心にしてより共感を深めるためのまとめ方として、共感マップは有効なツールです。

分析プロセスのモード

　分析プロセスをたとえていうならば、ドキュメンタリーの取材班が、それぞれ取材をした後、その内容を共有し、事実のストーリーを紡ぎだす作業にあたります。

　しっかりと取材の記録素材を振り返り、事実と解釈を慎重に分けながら、1個1個の事実を新たな角度からの気づきに変化させていきます。

共感マップ

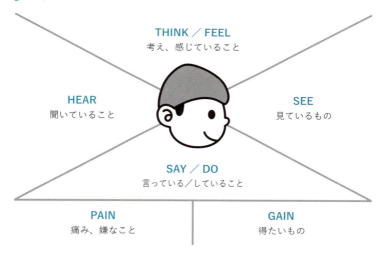

chapter 3

統合・課題の再定義

日本で語られない統合思考

　このステップは、分析ステージで得た新たな気づきをもとに、リサーチ前には気づかなかったユーザーの生活をまとめ、その生活を良くする機会領域を特定する作業です。これは、たとえるならば雑誌の編集者が、取材した人の世界とそこから見える社会課題を独自の視点で表現するために、右脳的な思考が大事なステージです。

　これは普段のビジネスではいちばん馴染みがない、デザイン思考ならではのプロセスだと思います。

　一般的には、リサーチをして得た気づきやその経験から、気づきを全体のストーリーに変え、新たな世界観の見立てをつくり、自分たちがアクションできる機会の定義を行います。

統合プロセスの進め方

　分析プロセスで全20ユーザーからのインタビューを振り返った結果、CADソフトを学ぶプロセスの中で、メカエンジニア／デザイナー、建築家／ゲームデザイナーの3つのグループで使用目的や、習得パターンが違うことがわかりました。

　まずは、それぞれのユーザーごとに、構想から最終デザインまで、どのような作業をしていくのかというカスタマージャーニーマップを、気づきのポスト・イットを並び替えながらホワイトボードに書いていきます。

創造的問題解決の羅針盤

カスタマージャーニーマップ〜ユーザーの行動を洗い出す

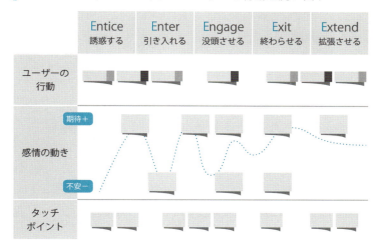

統合の最中はホワイトボード上もカオスになるが徐々に意味が浮かび上がってくる

分析ステージでの学びから、デザインをしていくプロセスの中では、デザインを構想する「考える」作業と、実際に形にする「つくる」作業、そして、アウトプットをクライアントに「伝える」という3つの作業がステージによって入り混じりながら進むことがわかりました。

　そこで、メカエンジニアと建築家のそれぞれが、アイデアの構想からデザインまでの「考える」「作る」「伝える」作業をそれぞれどのくらい重要視しているかを折れ線グラフのように表していきました。そして、それぞれのグラフの変化に合わせて、何が課題になるかを書き出していきます。それぞれのプロセスにおける課題が出てくれば、自然に解決策のアイデアも出てくるため、出てくるたびにポスト・イットで加えていきます。

　今回のリサーチにおいては、最終的に図のようなカスタマージャーニーマップをつくり、製作以外、特に構想段階のデザインプロセス全体を見た上で、考え、つくり、伝える、というデザイン作業全体をサポートするためにどんなクラウドサービスが必要なのか、その課題が何かを改めて議論しました。

　たとえば、建築家やデザイナーにとってCADソフトは、単にデザイン作業をするものというより、自分がスケッチブックでメモした構想を具体化するために使ったり、その内容をクライアントとすり合わせするために使う、という用途で多く使われていることがわかりました。ここから、「建築家が構想初期にアイデアをスケッチしたものをさらに具現化する、その繰り返しのステップをいかにスムーズにするか？」「構想をクライアントとすり合

建築家のデザインプロセス

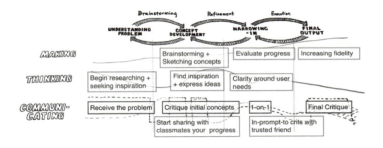

メカエンジニアのデザインプロセス

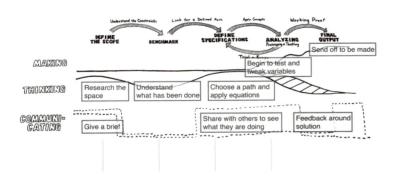

chapter 3

わせてスムーズにコメントを返せるか？」といった、新たなサービスで構想しなければいけないユーザーの課題のポイントが明らかになってきます。

　彼らは、アイデアを考える段階ではスケッチブックに手書きするアナログのステップがある一方で、デザインをしていくときにはパソコンに向かってそれを具体化しクライアントとすり合わせる、というアナログとデジタルの行き来を何度も行います。この気づきから、アナログとデジタルの行き来をスムーズにして、よりクリエイティブな作業に集中したい、という大きな課題が見えてくるのです。

魂を入れる課題の定義

　リサーチの分析から統合プロセスを通じて、ユーザーのニーズやインサイトが出てきますので、それらを課題としてまとめていきます。最終的に統合が終わった段階で改めて定義するのですが、その際にどういうフォーマットで表現するかは大変重要なことです。

　2012年9月の米ハーバードビジネスレビューに「トップイノベーターが使う秘密のフレーズ」という記事があります。機会を定義する際には、「ユーザーの生活をより良くすることを志向した」「ワクワクするような」質問を、「How might we」という疑問文からはじまるフォーマットで定義することが、チームのクリエイティビティを高めるための重要なテクニックであるという内容です。

　「How might we」とは、日本語でいうと「どうやったら……で

きるだろう」という意味です。戦略コンサルティングやビジネスの世界では、問題解決のための課題定義として、「……が課題である」というような言葉が使われることが多いかと思います。

　それと比較して、「どうやったら……できるだろう」という一文は、ポジティブなパワーがチームにみなぎる質問です。

　この質問は、この後チームがブレーンストーミングを繰り返していくうえで1つのコアになるものですので、できるだけチームのクリエイティビティが引き出されるような仕方で定義します。

　統合プロセスは、初めてやってみると、あまりの情報量の多さと、決まったステップがないため、どちらに向かっているのか、何がゴールなのかが見えず、かなり不安になります。しかし実際には、「何が本当の課題なのか？ 本質的な解決策は何か？」という単純な問いを、多くの情報からいろいろな切り口で見直す作業でもあり、終えてみるととても複雑な世界がシンプルになったような錯覚に陥ります。

　よくAppleのiPodやiPhoneを引き算のデザインと言います。本当に大事な課題に集中し、他の情報をすべてそれに合わせて再構成することが、結果的にいらないものをそぎ落としているように見えるのですが、その秘訣はこの「統合」という作業を徹底的にすることだと思いました。

　マーケティングでも、焦点を絞ることが大事だといいますが、焦点を絞り他を捨てるためのプロセスとして、統合はものすごく重要なステップです。

　このプロセスをあえて言語化すると、以下のような3つのステップに構造化できるでしょう。

chapter 3

1 学んだ様々なデータやアイデアを1度ばらばらにして、結びつけなおし、
2 ユーザーのものの見方のモデル化を行い、ストーリーとして語り、
3 新たな世界観における課題の定義を行う

　このプロセスでは、膨大な情報をシンプルにまとめるために、アウトプットのフォーマットを工夫します。

①　インサイトとインサイトの関係性を示すシステム図
②　その新たなモデルの要素を表すフレームワークと、その世界観をシンプルに表現するメタファーなどの1枚絵
③　シンプルでワクワクさせられる課題を表現する問いかけ（How might we......）

統合プロセスの進め方

ステップ	アウトプット	
①学んだ様々なデータやアイデアを一度ばらばらにして、結びつけなおし	インサイトとインサイトの関係性を示すシステム図	
②新たな世の中の物の見方のモデル化を行い、ストーリーとして語り	新たなモデルの要素を表すフレームワークとその世界観をシンプルに表現するメタファーなどの1枚絵	
③新たな世界観における課題の定義を行う	シンプルでワクワクさせられる課題を表現する問いかけ	

統合作業で使える
メソッドやフレームワーク

KJ法

　統合の代表的な方法論は、1960年代に日本人の川喜田二郎氏が発明し、世界に広がったKJ法です。KJ法は、ブレインストーミングで出た似ているアイデアを分類することと一般的には考えられていますが、本来は「デザイン思考」に匹敵するくらい大きな考え方です。社会学でフィールド調査から新たな切り口の課題を発見するために考案された、創造的問題発見法なのです。

　KJ法の進め方は、ポスト・イットに学びをタグづけし、似た学びをまとめて新たな名前をつけ、つなぎ合わせて新たな物語をつくる流れです。ポイントは以下のとおりです。

- ポスト・イットに学びを書く場合は、リサーチに参加していない人が読んでもそれだけで情景が想像できるようにする
- 一見違う事象でも、似ているものを見つけて、共通点に題名をつける
- クラスターができたら、題名同士を結びつけ、口に出して物語を語ってみる

　このプロセスは、リサーチで得た情報から新たな切り口で人々の生活を捉え直し物語るためのメソッドです。ご興味のある方は、『発想法―創造性開発のために』（川喜田二郎 著、中公新書、1967）を読んでみてください。

chapter 3

ペルソナ

　リサーチの結果は、そこから見えてきた数人の典型的な人物像をペルソナという形で描くのがオーソドックスな統合のやり方です。

　Soup Stock Tokyoの遠山正道氏が、「秋野つゆ」という30代のキャリアウーマン像をターゲットユーザーとして描き、その人が1人でも入れるお店をつくったという逸話は有名ですが、チームが同じユーザー像をイメージして商品をつくったり、マーケティングプランをつくっていく上で、ペルソナは有効な手法です。

　大事なのは架空の理想的な人物をつくることにあまりこだわりすぎず、リサーチした人や自分たちの周りの典型的なユーザー像を選ぶことで、できるだけ具体的な人をイメージすることです。

ペルソナ作り

デザインスクールならではのやり方で特に重要だと思ったことは、人像がわかる写真を用いて、名前をつけたり、その人が生活の中で大事にしていること、困っていることなど、人となりを理解してもらうための情報を言語化、視覚化することです。

カスタマージャーニーマップ

ペルソナと並んで使いやすい定型フォーマットが、あるユーザーが最初に興味を持ってから、商品やサービスを体験し、体験終了後までの一連の行動を記述していくカスタマージャーニーマップです。

まず、現在の特定のテーマの体験の記述からはじめます。現在、あるテーマについて、良い体験（期待＋）、良くない体験

| カスタマージャーニーマップを使ったサービスのプロトタイプ設計

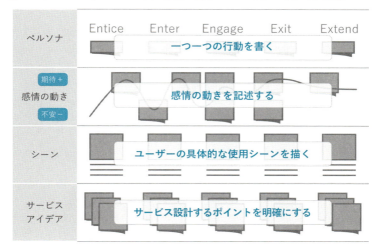

（不安−）にはそれぞれどのようなものがあるかを書いた上で、それぞれのタイミングにおける課題と、そこからどんなサービスを設計するかのアイデアまでを1枚で表したものです。

　ユーザー体験は、様々な部署や職種の人が一緒に作り上げるものなので、典型的なユーザー目線の体験をカスタマージャーニーマップに可視化して、そこから改善案や新たなサービス案を考えていくというのは非常に価値のある方法論です。

統合プロセスのモード

　統合プロセスは、編集者が今までステレオタイプ化されていた日常を自分なりのユニークな視点で切り取って編集することで、今までにはない切り口で特集記事をまとめあげるようなものです。

プロトタイピング

　統合プロセスの最後で、3つの「How might we」宣言文のフォーマットの課題ができました。その課題を解決するためのアイデアを形にしはじめるプロセス、それがプロトタイピングです。

　最初は、A4の紙を半分に切った紙の束を前に、リサーチで気づいたインサイトと掛け合わせて様々なアイデアを出していきます。

　アイデア出しは、リサーチで出会った人がハッピーになっているシーンをイメージしながら落書きのようなポンチ絵で表現していく、図のようなスケッチプロトタイピングからはじめます。

　様々なアイデアがでてきたら、組み合わせられるものは組み合わせて、大きなアイデアに統合していきます。

　そのアイデアを、今度はもう少し具体的なユーザーの行動のシナリオに落としていく作業を経て、サービス体験をプロトタイピングしていきます。バラバラかつたくさんのアイデアに見えていたものは、実はユーザーの日記のような形で表現すると、すべてつながっている一連の体験だということが見えてきます。アイデアをたくさん出すことはムダではなくて、それは必ず何かで使えるし繋がってくる、やりながらそう実感していきます。

　最終的には、ユーザーが触れる具体的なサービスのイメージをプロトタイプします。次ページ図は、ウェブ画面をPhotoshopでつくったものです。だいたい3日〜1週間くらいのスパンで、

chapter 3

Service Scenarios

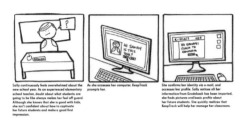

サービスシナリオプロトタイプの例（Paolina Carlos作）

どんどん具体的な形に落としていきます。そのステップでは、周りの人に気軽に見せてインプットをもらいながら「つくりたかったのはこういうことだっけ？」と確認していきます。

　この過程では、リサーチを行ったときにインタビューした人を呼んで、プロトタイプへのフィードバックをもらったり、彼らと一緒にプロトタイプをするワークショップを実施したりして、アイデアを形にしていく過程でも常に検証、改善していきます。

　最終的には、Flashなどを使ったり、コーディングした物理的なウェブのサービスやビデオなどによる完成度の高いプロトタイプと劇などによるユーザー体験のシナリオを見せながら、最終的なプレゼンテーションを行い、プロジェクトへの投資をしてもらいます。

プロトタイピングのプロセスは、ビジネスマンであればほぼ未体験のプロセスなので、とても新鮮な作業です。過去にたくさんのユーザーを見たり、自分たちでアイデアを考えてきた積み重ねがあるため、つくるフォーマットさえ決まれば、案外自分でもいろいろ具体的なアイデアが出てきたりします。また、このステップは、個人個人でイメージしてつくってきたものを見せ合って議論を重ねることで、よりクリエイティブになります。

　実際に手を動かしてみると、いいアイデアだと思っていても意外とたいしたことがないなとか、逆に、チームメイトによるアイデアが、単なる言葉足らずだったことがわかり、「お、いいじゃん！」となったりもします。このステップでは、とりあえず各自がつくりたいものをつくってみることで、自分1人では想像もしていなかったことができ上がっていく、コラボレーションの可能性を強く感じることができます。

プロトタイププロセスのまとめ

　プロトタイププロセスは、誰もが即席クラフトマンになって、自分たちが考えたアイデアを形にしてみるプロセスです。このプロセスでは、手を動かしながら考える（考えて手を動かすのではない）精神のマインドセットが重要です。

　本格的につくりあげるのは、エンジニアでないとできないものもありますが、ここでは「自分ができる範囲」のプロトタイプをつくります。

chapter 3

デザイン思考で
プロジェクトを進めるツボ

　ゆるく設定された大きなテーマを、ユーザーの具体的な課題を発見し、自分たちの切り口でのデザイン課題に捉え直し、ユーザー目線の実行可能なアイデアを提案するところまで行う流れを体験しました。
　このプロセスを実行する上で、実務的に注意したほうが良いと思うツボをいくつか紹介させていただきます。

1　相手のライフストーリーに共感できる生の話を引き出せるか
　リサーチステージでよく起こるのは、知りたいことを詰め込みすぎた結果、質問数が増えて具体的な枝葉末節を聞くことに終始したり、分析に時間がかかるあまり全体の絵が見えなくなってしまうことです。
　このステージで大事なのは、「自分たちのチームが持っていない視点を獲得」し、「世の中に流れている感情に浸かる」ということだと思います。
　アメリカのデザインコンサルティングファームJump Associatesは『Wired to Care』という本の中で「共感」の大事さについて書いていますが、このステージで大事なのは、相手になりきることで、「自分の持っている枠組みから離れること」です。
　共感を生むには、リサーチで感情を引き出すリサーチのフローをつくっておかなければいけませんし、相手の話に心から興味を

持って、エネルギーを生んでいく質問の仕方をするということが大事なのでは、と思っています。

そのためにデザインリサーチにおいては、人材開発でよく使われるコーチングや、Appreciative Inquiry（通称 AI）という、人の強みをインタビューから引き出していくような方法から学ぶと良いと思います。

たとえば、「今まで人生で最高の教育の体験はなんだったか？」というハイポイントインタビューという質問の手法があるのですが、過去の最高の体験を聞くことでその人はどんどん乗ってきますし、最高の体験ということからその人が大事にしているのは何かが無意識にわかり、その人にとって大事なことをどんどん話してくれるような雰囲気をつくることができます。

さらにいうと、リサーチと呼ぶのではなく、ライフストーリーのインタビューをさせてもらったほうがもっと盛り上がりますし、お酒を飲みながら深く語るほうがさらに良いかもしれません。

2 　自分がチャレンジしたい課題に捉え直せるか

ID の大学教授とランチを食べながら話しているときに出た話題の 1 つに、「デザインプロセスを追おうとすることには弊害もある。特に、リサーチのデータを分析しすぎてしまうと、現状の焼き直しになりがち。大事なのは、リサーチから得たインサイトを飛ばして、その人なりのビジョンをつくることなんだけどなあ」というものがありました。

デザイン思考プロセスで失敗するパターンは、得たインサイトを組み合わせて、「はい、これが解決策」と結論づけてしまうパ

ターンです。これでは、インサイトの裏にある大きな感情的ニーズを見過ごしがちになってしまい、なかなかうまくいきません。

大事なのは、ユーザーから得たインサイトや、彼らが持つ未来ストーリーに刺激を受けて、「自らの未来ビジョンや想いを育み広げていくこと」なのではないかと思います。

プランナー自身が100％腹落ちしていない企画が成功するのを見たことはありません。最終的には、自分の腹に落とすという、客観から主観への転換をできるかどうかがこのステージの鍵なのではないかと思います。

実は、このビジョンの描き方や、自分事化というのは、あまりデザイン思考のプロセスでしっかり定義されているものを見たことがありませんが、人材開発でよく使われるU理論は参考になる方法論です。具体的には、「リサーチの結果を踏まえて、自分のミッションステートメントや未来ビジョンがどう変わるか考えてみた上で」デザイン課題を定義してみるとより魂が入るかもしれません。

3　いかにチームの中に無意識に存在するバイアスを壊すか

解決策のアイデア出しのプロセスでよく起こってしまうのは、目先の技術的実現性の高いアイデアや、リサーチ段階で面白いと思った仮説につい固執してしまうということです。結局、これだけリサーチしたのに結論は大して変わっていないというのがよくある失敗パターンになります。

このステージでは、アイデアを出す際に「自分たちが持っている思い込み（バイアス）をあえて壊す形でアイデア出しをする」方法論がとても有効のように思います。Zibaデザインの戦略デ

ィレクター・濱口秀司氏が TEDxPortland で語っている方法論もすばらしいので、ご参考にしてみてください（http://tedxtalks.ted.com/video/TEDxPortland-Hideshi-Hamaguchi）。

　chapter1 でも、前提の可視化の方法論を紹介しましたが、自分たちの商品が立っている無意識の前提条件を一度洗いざらいだします。家電の業界であれば、「大手量販店に入らないと売り上げが伸びない」「あたらしもの好きのユーザーがまず最初の購入者である」「男性が主な購入者である」など。そして、意図的に、その逆の軸を検討してみます。「直販やインターネット販売を主なチャネルにすることで儲かる体制をつくる」「はじめからテクノロジー先進層ではないターゲットを狙う」「女性にも受ける家電を考える」など。そして、それぞれの反対軸においてできることを考えてみることで、今まで無意識に捨てていたアイデアを発想する、というような方法論です。

4　スピーディーにプロトタイプを作りつつ、
　　建設的な批評を行う
　実は、いちばん付加価値が出るのはこのプロセスからです。ときには、最初からプロトタイプをつくりながらでもいいくらい、プロセスのど真ん中に哲学としてあるべきものですが、アイデアは思いついた段階でできるだけ具体的なものに落としつつ、フィードバックをもらって、壊すということが大事だと思います。
　その際に特に大事なのは、いかに「厳しく、かつ建設的な批評をする場をつくるか」ということ。ここは私自身もまったく答えがないのですが、プロトタイプをつくるには盛り上がる必要があ

るため、あまり厳しすぎてもダメですし、一方で、褒めてばかりいても本質的な改善がなされません。プロトタイプを早くつくるという姿勢をチームが持っていることも大事ですが、同じくらい「質の高い批評の場をつくる」ことも重要です。

イノベーション戦略デザインのための
ツールとしてのデザイン思考

　本章で紹介してきたのは、新規商品やサービスの開発の際に活躍する手法ですが、個別のプロジェクトを超えた、商品やサービス戦略を扱う場合にも使えるアプローチです。これは、デザイン戦略コンサルティングとも呼ばれますが、特定の事業の様々なユーザーセグメントから事業の潜在的リスクとなりそうな課題を発見し、その課題を解決できる具体的なアイデアをプロトタイプして検証することです。そのプロセスの中で、自分の事業として将来取り組むべき戦略的に重要であり、具体的にプランをつくることができる領域を特定することができるのです。

　トップダウンで分析をもとに戦略を策定する、いわゆる戦略コンサルティングの１つの弱点は、戦略を策定しても実際に実行するプランは現場で発明せよと言われて困るパターンが多いことです。しかし、このボトムアップで発見した課題や機会をもとにマクロ分析を組み合わせれば、実行可能なイノベーション戦略を立案することができます。

　この章では、課題を発見し、創造的に解決するためのプロセスと、４つのモードを紹介してきました。chapter4 では、これを実行するための環境づくりについてご紹介したいと思います。

デザイナーの常識

- ☐ まだ世の中に存在しないものを考えるのが好き
- ☐ 一度作ってみてそれをどんどん改変していく
- ☐ あらゆるものごとから刺激を得て、発想する
- ☐ 発想にもユーザーを巻き込んでいく
- ☐ 話を聞いた人数にはこだわらない

ビジネスマンの常識

- ☐ いまある物事の効率性をいかに上げるか
- ☐ 失敗のないように積み上げ型で考えていく
- ☐ リサーチから分析し、結論を導き出す
- ☐ アイデアは自分たちで作ったものを検証すべし
- ☐ 必要なサンプルサイズをちゃんと準備

column

リサーチの必修授業 ユーザー観察

　IDの大学院の授業のうち3割近くはユーザーリサーチの授業で、そのデザインリサーチの方法論が確立されていることはよく知られています。特に、観察やインタビューについては必修科目となっています。

　リサーチ技術専門のクラスを受講したので、その内容を軽くご紹介しましょう。

　担当の先生は、シカゴにあるデザインリサーチに特化した会社としてアメリカでは有名なコニファーリサーチの創業者、ベン・ヤコブソン氏です。

　この授業は全15週のうち前半は、オブジェクトや空間、ユーザーの観察、Shadowing(人の横について観察を行う)、インタビューなど様々なユーザー理解の手法を1週間ごとに実習していきます。

　実習では各自がフィールドワークをしたものを持ち寄り、先生と学生が全員で批評、フィードバックをし合います。

　通常のデザインリサーチは、観察とインタビューを組み合わせて2時間くらいで実施するパターンが多く、授業自体も最初は観察実習、観察+インタビュー実習を行ったのちに、最後はそれを組み合わせたプロジェクトによる実践という形で構成されています。

　ここで、テクニックとして習った大事なことは、限られたフィールドワーク時間の中で得た学びをしっかり記録するためのノートの取り方と、写真の撮り方だと思います。

毎週、各自がテーマを設定してフィールドワークを行った結果を、次の写真のように模造紙にまとめ、クラスで発表します。
　細部の気づきを詳細にデフォルメして伝える場合は、スケッチのほうが伝わりやすいですし、その場の生の雰囲気を伝えたい場合は広角の写真が有効です。また、音も大きな情報なので、これにスマホのカメラで録音した音を再生して表現する学生もいます。こういうプロセスを通じて、自分が見てきたものをまずは、解像度と再現度を高く、生感をもって伝えるスキルを学びます。

ユーザー観察の授業の発表の様子。写真を多用する

chapter 4

創造モードへのスイッチ

ツールや環境は1日で最も長い時間接するものだ。
そこにこそ、投資すべきだ。

ベン・ヤコブソン(コニファーリサーチ創業者)

chapter 4

創りだすモードへのスイッチ

　chapter2 と 3 ではデザイン思考を活用した創造的な問題解決の方法論をご紹介しましたが、それは、創造的問題解決の方法論の型のようなものです。これを実行する上で大切なのは「創りだす」環境を整えることです。

　今日の自分を「創りだす」モードに持っていくためには、左脳が支配する言葉、右脳が支配するビジュアルイメージ、そして体が支配する直感を総動員しやすい環境をつくりだすことは、知的生産性を高める上で重要です。

　既存のビジネスを効率的に回すことに頭が慣れてしまっている場合、「創りだす」モードに切り替えるためのスイッチ、つまり知的生産のツールを用意したり、環境を整備すると効果的です。

　ID では、そのような環境を整備することをテーマとした単独の授業は存在しませんが、それはむしろ当たり前のように環境に組み込まれています。その空気のように組み込まれているものを解読してみることで、ビジネスの現場で活用できるものになると考え、本章を設けました。

日々の知的生産性を上げるスイッチとしての道具箱

　私が ID に通うようになってから大きく変化したことの 1 つが、いつもかばんの中に入れて持ち歩く文房具です。デザイン思考の文脈ではあまり語られていないことですが、自分が 1 日 24 時間どのように周囲の物事をとらえ、その情報をどう記録し、整

創り出す能力を高める3つの感覚

> **デザイン思考の特徴**　全身の感覚を活用して創造性を高める

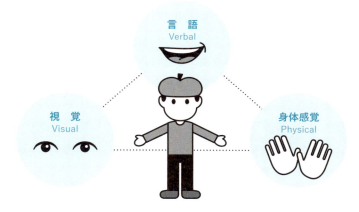

理・発想するかという頭の使い方の変化を起こすためには、日々持ち歩く道具を変えるだけで行動に大きな変化が起こるということを実感しました。

デザイナーの同級生は、記録・整理・発想のルーチンにあった、自分のお気に入りの文房具を持ち歩いており、いつでも使える状態にしているようでした。

私の場合、どのような道具を使っているのかをご紹介しましょう。

次ページの写真の中には、「創りだす」モードへスイッチを切り替えてくれる様々なツールが写っています。

ちなみに、写真は留学中に課題を1人でこなすための作業場と

chapter 4

してよく使っていた、シカゴのダウンタウンにあるスターバックスでの風景です。

① ポスト・イット（シナリオ用のラフスケッチ）
② 切り取り可能なスケッチブック（レイアウトの構成案のメモ：レイアウトはペンで、中身はポスト・イットで）
③ シャープペンシル（最初のラフラフスケッチ用）
④ 太、細二種類の黒ペン（清書用）
⑤ トレーシングペーパー（ラフにスケッチした絵の清書用）
⑥ カッター（トレーシングペーパーや裏紙などを切り取る）
⑦ Mac（写真検索と Photoshop）
⑧ カフェモカ（眠気覚ましと糖分補給）

ある日の作業風景

創造モードへのスイッチ

　これに加え、スマートフォンがあれば、1人用作業のツールのほぼ全てをカバーしていることになります。

　2人以上でやる場合には、これに相棒と、ホワイトボードノートが加わります。

　私が持ち歩いている道具のうち、特に重要なものをいくつかご紹介します。

大中小サイズのポスト・イット

　カラフルなポスト・イットがあらゆる場所に貼られているのも、デザインスクールの特徴の1つです。特に、ポスト・イットノート（正方形）は、ホワイトボードを前に、チームでアイデアを整理するときやワークショップを行うときに必ず使う道具で

アイデアスケッチ、ワークショップ用

ポスト・イット® 強粘着ノート 654SS
(75mm*75mm)

読書メモ、プレゼンテーションフロー作り用

ポスト・イット® 強粘着ノート 650SS
(50mm*50mm)

見出し用

ポスト・イット® 強粘着見出し 700SS
(50mm*15mm)

様々な種類のポスト・イットノート

す。日々、友人と話しているときに出るアイデアや、自分1人でアイデアを整理する際にも使えます。

　私のお気に入りは、本を読んだりリサーチをした後に気づいたことを小さいポスト・イットにメモ・イラストにして、重要性をあまり考えずにスケッチブックにランダムに貼っていく使い方です。

　そうしておけば、日々の情報のインプット・アウトプットが、必ず「後で使える素材」をつくる作業につながっていることになります。

　新たなアイデアを考える際にも、すでにメモ書きができているポスト・イットを貼り替えるだけで、プレゼンのプロトタイプまでできてしまいます。

　ポスト・イットの使い方を工夫し、日々自分が接している情報を目に見えるカタチにし、組み替えをしやすく記録しておくことで、情報の生産性は劇的にあがることを実感しました。

スケッチブック

　デザインスクールに通う学生はほぼ、ノート代わりにスケッチブックを使っています。モレスキンの手帳をノートとして使っている人もいます。

　スケッチブックを使うメリットは、大きなスペースがあるためイラストと文字を混ぜたようなノートをとりやすいこと、紙が厚いため〝作った感〟を得られること、そして切り取りやすいことです。

　特に私のお気に入りのスケッチブックの利用法は、新サービスのコンセプトスケッチで1枚、ビジネスモデルで1枚と、プレゼ

創造モードへのスイッチ

ンテーションの構造に合わせて思いついた順に、テーマで1枚の紙にメモをしては、その順序を入れ替えたり加筆しながらプレゼンテーションをつくっていくやり方です。

　かりにその時点で十分なアイデアがなかったとしても、タイトルだけでも紙に書き、パッケージにして持っておくだけで、様々なメリットが生まれます。その時点でプロジェクトがどこまで進んでいるのか一目瞭然ですし、足りないところは無意識にそのスペースを埋めたくなるので自然に進行がよくなります。

ノート代わりにも使えるスケッチブック

太細両方のペン

　デザインスクールでは、Sharpieというメーカーの太いタイプと細いタイプのペンを使うことが勧められていました。ここでのポイントは、太・細二種類の線を使い分けることなのですが、最初は疑問だった私もこれはすぐに納得しました。

　IDでは、新しい商品や、サービス像をスケッチするのですが、そのときに、シンプルかつ完成度が高いスケッチに見せるテクニックがあります。スケッチを1度シャープペンシルで書いてから、外観や大事な部分は太い線でなぞるのです。すると、メリハリがついたスケッチを描くことができるようになります。また、スケッチ、ワークショップ、日々のメモ向けにペンを使い分けるとよりベターです。

トレーシングペーパー

　トレーシングペーパーといえば、小学校のときに好きなマンガをなぞるために使ったという人が多いのではないかと思います。

　トレーシングペーパーは、実はプレゼンテーションをつくるときにとても便利な道具です。

　スケッチブックに1度ラフにスケッチしたものを、トレーシングペーパーで写し、太細ペンで仕上げます。これをスキャンすると、手描きのイラストにPhotoshopを使って色をつけたり、加工したりできるのです。イラストレーターには、手描きの線をデジタルデータに変換してくれる機能もあるので、プレゼンテーションにも使うことができるようになります。

　絵心のない人でも、トレーシングペーパーを使うと、デザイナーが描いたようなきれいな絵が描けるようになります。

創造モードへのスイッチ

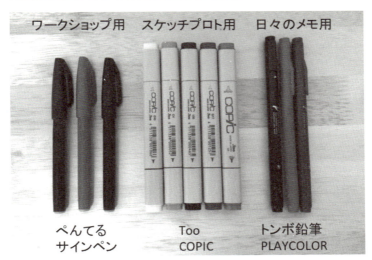

様々な種類のペン

誰もが絵が上手くなれる、トレーシングペーパー

165

写真検索サイト

　留学中に意外だったことの1つは、実はイラストがうまいデザイナーも、自分だけでゼロから全てを描いているわけではなく、実際にはwebにある写真をなぞってイラストを起こしている人が多いということでした。

　たとえば、キッチンを背景に新たな鍋のデザインをする際には、イメージに合うキッチンの写真を探してきて、それを取り込んでイラストレーターで加工をしたり、タブレットで表示したものをトレーシングペーパーでなぞったりしていました。

　Google 画像検索や Getty Images、最近だと Pinterest などのサイトは、作業をしながら常に参考にしています。

タブレットペン

　ワコムをはじめとしたメーカーが発売しているタブレットペンは、iPad やペン・タブレット PC と組み合わせて、デザインやプレゼンテーションのイラストをつくる局面でとても活躍します。

　特に、ID のプレゼンにおいては新たなサービスがどのように使われるかの、絵コンテによる説明は不可欠です。絵コンテをつくるときには、写真を取り込んで、そこからイラストを起こすことになります。

　写真をイラストレーターに取り込んで、活用できるところはなぞりながらイラストを描いていくのです。タブレットペンを使えば、私のようにイラストが苦手でも、イラストを描くことができるようになります。

ツールを使って知的生産性を高める

　これらのツールの特徴は、いずれもアナログな手描きで、バラバラにして組み替えやすいということです。思いついたことや感じたことをその場で物理的に記録しておき、あとで組み替えて編集できる環境をつくる習慣をつけておくということです。

　IDで学んだ1つの原則は、創造性は、様々な知識の組み合わせから起こるということです。物理的に記録しておくと、あとでその紙を何かの拍子に見直したときに、新たな繋がりから新しいアイデアが生まれる可能性が高くなります。自分自身の記憶に定着しやすくなるのはもちろんのことです。

　実は、私たちは日常で大変な量の情報に接しています。ただ、ほとんどの情報を記録していません。

　私自身は、留学以降はずっと、スケッチブックとポスト・イットを持ち歩き、日々の気づいたことや本を読んで思ったことなど、インプットした内容を小さい正方形サイズのポスト・イットにダイヤグラムもしくはポンチ絵で記録する、ということをするようにしています。まとめるときには、ポスト・イットをすべてはがして机の上に並べれば、日々蓄積している気づきを目の前で効率的に見える化できるのです。

　たとえば1冊の本を読むだけでも、その気づきを記したポスト・イットが20〜30枚にもなります。それに関連するテーマの本をあと2冊読むと、合計50〜60枚くらいのポスト・イットになります。これらを組み合わせて並び替えると、あるテーマを自

chapter 4

　分なりに編集し直した仮説のようなものができ上がります。
　その内容を抜粋してブログに書いたり、パワーポイントに落としておけば、誰かと話すときにそれを参照してさらに新たな切り口を得たり、ふとしたときに得た情報がさらに膨らみます。
　これも1種のプロトタイプによる知的生産術だと思うのですが、最初にポスト・イットにメモするという行為、つまり0→0.1くらいの作業をすることで、その内容がどんどん膨らんでいくのです。
　これらは、手描きでそのときのインスピレーションを書き残し、組み替えやすい形で残すという習慣から全てがスタートします。

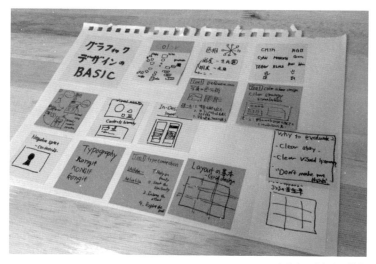

ある本のまとめの様子

クリエイティビティに対する
投資としての環境づくり

　デザインファームやデザインスクールはどこも環境づくりには力を入れています。

　創造力は1日24時間を通じて生まれるものなので、自分の作業場の環境を整備することはとても重要です。職場環境をいち社員がデザインすることは難しくても、チームメンバーとブレーンストーミングをする会議室の環境を工夫することはできるでしょう。

　そこで、まずは世界のデザインファームが実践している「つくりだす環境づくり」について、屋外フィールドワークで学んだ内容をご紹介したいと思います。

「つくりだす場」としてのスタジオ

　スタジオというと、ミュージシャンがレコーディングをする場所というようなイメージをもたれる方も多いと思うのですが、ここではデザイナーの働くスペースを「スタジオ」と呼びます。

　大手デザインファームfrogの元クリエイティブディレクターヤン・チップチェイス氏によると、海外調査をする際には現地に寝泊まりできるスペースを貸し切り、チームと食事、寝泊まり、ワークショップ、即興のデザイン作業をする「旅先のポップアップスタジオ」をつくっているそうです。

　これらの前提にあるのが、デザイナーの職場であるスタジオの文化が反映されているスペースをつくるということです。スタジ

▎創造性を高めるスタジオのイメージ

オ文化とは、一緒に働いてワクワクする仲間と寝食をともにしながら、未完成のアイデアやプロトタイプをお互いに出し合い、フィードバックをし合いながら、プロジェクトを進めていくということです。スタジオ文化の特徴的な行動は以下のようなものです。

- 学びを常に記録し、見える化しながら蓄積していく
- インスピレーションになりそうな素材を収集しておく
- アイデアやラフなプロトタイプを気軽に見せ合って意見をもらう

　環境を作っていく上では上記のような行動がしやすいことが重要になります。

　このような環境は、もちろん日々の作業場であるスタジオでは必須ですが、固定の場がなくても Airbnb などで一軒家を借り切って合宿をすれば同様のことができます。大手デザインファームではそういう形で海外でのフィールドワークを実践しています。環境づくりを通じて、チームとしての毎日の創造力を高めているのです。

創造した知識の見える化

　170、171 ページの図は、一流のデザインファームでよく見られる、つくりだす力を最大化させる空間についての説明です。中でもいくつか重要な要素について紹介したいと思います。

創造モードへのスイッチ

1　大きなキャンバス

　大きなキャンバスとは、言い換えれば大きなホワイトボードがあることです。

　IDでも、大きなミーティングルームは、四方が全てホワイトボードで囲まれています。ホワイトボードは多くのオフィスのミーティングスペースにありますが、部屋全体のどこでも描けるくらいの大きなキャンバスはなかなかないでしょう。

　このような空間をつくるのは、いつでもアイデアを書いて議論しやすい、というメリット以上の意味があります。特に、統合ステージでは、膨大なリサーチでの気づきや学びを、一目で見渡すことができます。効果的に統合プロセスを進めるには、大きなキャンバスが不可欠です。ホワイトボードがない場合でも、大きな段ボールボードにピンなどでプリントアウトを貼りつける、または模造紙を壁に5〜6枚貼りつけてキャンバス代わりにする方法もあります。また、3M社が発売しているホワイトボードフィルムを壁に貼り付けて活用すると、安価にホワイトボードを出現させることができます。

3M社のホワイトボードフィルム。あらゆる場所をクリエイティブな空間にできる

chapter 4

2　プロジェクトスペース

　海外のデザインファームを訪れると必ず目にするのは、ホワイトボードなどに四方を囲まれている専門のプロジェクト部屋です。

　下の写真は、スタンフォード大学d.schoolのプロジェクトスペースです。移動式のラックにホワイトボードを掛ける形になっており、取り外しができます。

　多くのデザインプロジェクトは2〜3ヶ月の期間、3〜5人のチームメンバーが集中してプロジェクトに携わる形で行われます。プロジェクトを重ねる中で蓄積している学びは、全てが創造への刺激です。その刺激を最大化する環境をつくるために、常にその学びが見える状況にしておくということがとても効果的で

スタンフォード大学d.schoolにある移動型のホワイトボードを使ったプロジェクトボックス

す。

　普段の会社の環境では、1～2ヶ月連続で部屋を押さえることは難しいと思います。もしプロジェクト部屋をつくれるならそれにこしたことはありませんが、代替手段としては、巨大なポスト・イット（イーゼルパッド）を使って、場所が変わってもキャンバスの中身だけを維持しながら作業をすることです。

インスピレーションのための素材を収集しておく仕掛け
3　プロトタイプ道具の入ったガラクタ箱

　次ページの写真は、スタンフォード大学 d.school の〝倉庫〟です。一見、がらくたのようなものが集まった棚には、プロトタイプ用の素材が格納されています。

　この素材は、不要になったものをいろんな人が持ち寄ったものだそうです。プロトタイプをつくるコストをほぼタダにするだけではなく、意外なものの組み合わせで新しい発想を生まれやすくしているそうです。アイデアの刺激物であると同時に、プロトタイプの素材にもなる、という考え方のもと、ガラクタ箱のような〝おもちゃ箱〟が大事にされています。

　各リサーチでは、現地で見つけたガラクタを保存しておいて、プロトタイプに使うのも良いでしょう。

　日本には 100 円ショップや最強の DIY ショップである東急ハンズがありますので、そこをおもちゃ箱のように使い、プロトタイプとして使えるものはないか探しに行くのも良いと思います。

chapter 4

スタンフォード大学d.schoolにあるプロトタイピング用のガラクタ箱

4 マガジンラック

デザイナーにとって雑誌は、マスに普及する前のトレンドの兆しを見つけることができる媒体として重要です。

トレンドをチェックするリサーチャーとしての視点で見ることもできますし、デザインを構想する際のインスピレーションのための素材、ワークショップでイメージを具体化するコラージュをつくる素材としてもよく使われます。

ブレーンストーミングなどの機会がある場合は、チームメンバーに雑誌を1冊ずつ持ってきてもらうだけでも、普段の自分では買わないような雑誌からインスピレーションを得られるでしょう。

アイデアやラフなプロトタイプを
気軽に見せ合って意見をもらう

5　プロトタイピングスペース

　デザインの世界では、「カタチにしてなんぼ」だといわれています。ワークショップスペースや、ホワイトボードのある打ち合わせスペースの横に、カッティングマシンや 3D プリンター、レーザーカッターなどのマシンショップが置かれています。そこには、機材だけではなく、これらの機械で加工するための材料となるフォームコアや発泡スチロール、木の板など、ラピッドプロトタイプをするための素材や様々な工具も置かれています。

　日本でも最近は FabLab Shibuya や、DMM.make AKIBA など、プロトタイピングができる器具を揃えたコワーキングスペースが増えてきました。オフサイト・ブレーンストーミングとして、外の会議室を使って、その場でプロトタイプを進める機会をつくっても良いのではないでしょうか。

chapter 4

チームをクリエイティブに
するために必要な環境整備

　デザイン思考のプロジェクトの中で、価値をつくるプロセスである統合やプロトタイプのいちばんの道具は、私たちの視野と頭です。

　ある事象を細かく分解して解釈する分析思考に対して、デザイン思考はバラバラに分解されたモノを組み替えて新しい絵やカタチ、ストーリーにしていくという統合の過程です。一目で見わたせる範囲内に、全ての情報をパーツとして見える化して集めるための作業場が必要なのです。

　次ページの写真は、サービスデザインの授業における統合ステージでの1幕です。過去、数ヶ月デスクリサーチ、インタビュー、アイデア出しなどで積み重ねてきた学びを1度プレゼンテーションフォーマットに落とし、全体を通じたメッセージやストーリーの流れを検証しているところです。

　IDに常備されている大きなホワイトボードのスペースを使って、全ての学びをプリントアウトし、チーム全員がストーリーの全体像を見える状況にして議論をします。

　A4の紙を半分に切ったハーフシートを大量に用意し、話しながら、プレゼンでカバーする内容をスケッチしていきます。

創造モードへのスイッチ

IDの学生スタジオ。壁一面のホワイトボード

　ストーリー展開全体を一目で見ながら、ストーリーの流れ、これから作成するスライド、要らないスライドの仕分けをした上で、分担を決めてプレゼンを作成します。
　これはチームでプレゼンを作成する際に非常に効率的な方法なので、是非とも試してみてください。

　この章では、創造モードへ自分たちの脳を切り替えるスイッチとしてのツールや環境についてご紹介してきました。環境を作るのは投資が必要ですが、それに変わるツールを使うことでかなり安価で環境を整えることが可能です。これは誰でもできる第一歩になりますので、ぜひとも皆さんの職場環境や、ご自身の生活の中に少しでも創造モードに変えられるスイッチを埋め込んでみてください。きっと、それが第一歩になります。

179

chapter 4

A4半分のサイズの紙(ハーフシート)を使ってのプレゼン設計

デザイナーの常識

- ☐ 学びやアイデアが見える化できる環境
- ☐ ホワイトボードなどの書き込みが自由にできる環境
- ☐ 体を動かしやすい環境
- ☐ 刺激物をたくさん置く環境
- ☐ ラフなアイデアやプロトタイプを気軽に見せ合う
- ☐ メモは手書きでポスト・イットやノートに図で

- - - - - - - - - - - -

ビジネスマンの常識

- ☐ 会議室は、意思決定のために大人数が入る場が良い
- ☐ 会議室は必要に応じて取ればよい
- ☐ 机や椅子を配置する
- ☐ 必要ではない資料は用意しない
- ☐ アウトプットの議事録を大事にする
- ☐ メモはパソコンで

column

日本人とデザイン思考

ある日本人の方がデザイン思考について記述した文章を引用します。まずはなにもいわず、以下の文章を読んでみてください。

「日本人の性格が、『デザイン思考』について持つ利点と欠点について触れたい。利点としては日本人が日常体験を重視する人々だということである。しかし、その発想が、発句にもたとえられる息の短い発想ではなく、複雑に情報を組み立てていかなければならない発想の場合には、ある種の根気が必要になる。せっかちで飽きっぽいくせのある日本人はある意味不利なのである」

「『日本人と情報処理』という問題がある。少なくとも今日の日本人の実情から見ると、現在の仕事のやり方の弱点は、情報処理を計画的にやらない、という点かと思う。自分の頭のなかに、体験的に積まれている狭い情報の範囲内で、勘を働かせてその情報を統合的に処理する。その能力においては、日本人は世界でもまれな才能の持ち主だろう。しかし、その範囲を越えた複雑な情報処理に直面すると、面倒くさくてやろうとしない。その正道を踏まず、なすべき情報処理に金を出し渋って、物事がやれると思っている」

実は、この文章は1960年代に書かれた本からの引用です。『発想法―創造性開発のために』(川喜田二郎著、中公新書、1967)の

テーマである、「KJ法」を「デザイン思考」に変えただけなのです。50年たって、まったく色あせない内容だということは、それだけ本質をついているといえるのでないかと思います。

こうした状況は、「ある、ある」と思いませんでしたか？　アメリカと日本のグローバル企業での勤務を両方経験している私にとっては、かなりうなずけることでした。

さらに、引用を続けます。

「日本人は、いざという土壇場のところでは、理論はとらずに『実感信仰』をとるくせに、表面的にはいかにも理論を信じているように自分も思い込むし、時にはそのようなジェスチャーもするのだ。最後は日常体験ないし、『生活の知恵』のようなものを信頼しているのに、頭のてっぺんでは欧米の理論を信じている。その双方に関連がない」

「日本人は足下の体験から何かを『総合する』個人能力が、アメリカ人よりも優れていると思う。ただし、日本人は体験を総合化する、という直観力にすぐれているために、かえってその武器に最初から最後までぶらさがろうとする。そのために日本人が『デザイン思考』を使いこなしにくい理由の一つがあるのだ。『そんな面倒な方法をとらなくても、自分はいろいろな現実のデータから直観的に総合できるのだ』といううぬぼれがある」

「日本人は一時的な直観体験から一挙に総合化して、ある問題解決の道を見いだすヒントをつかもうと焦るのである。そのため、そのような方法ではついに不可能な複雑な問題にぶつかると、諦めてしまう。そして、どこかに頼るべき手本はないか、モデルはないか、という模倣の姿勢に一気に転じるのである。息の短い直観的総合力

column

と、それに伴う息の短い創造力。それでものごとを処理できないと、たちまちにして模倣に転じる」

　私は、この本を熟読していくなかで、創造的なアイデアを生んでいくために必要なプロセスについて、1960年代にすでに川喜田二郎氏によって体系的に説明されていたことを知りました。
　いま、KJ法というと、「ブレーンストーミングをした後のポスト・イットのまとめ方」として定着していると思いますが、彼がもともと行っていたKJ法は、私が留学を通じて学んできたデザイン思考のプロセスや考え方とほぼ同じものです。
　そして、「野外科学」と川喜田氏が著書の中で呼んでいるフィールドサイエンスが社会科学から生まれたことや、アメリカで生まれたブレーンストーミングの手法に彼自身が考えだしたデータの統合の手法を組み合わせ、フィールドワークから、データ分析、統合、そしてプロトタイピングとその検証という一連のプロセスを全て定義していたことを知りました。
　彼は、さらに、欧米の「有の哲学」に対する、東洋の「無の哲学」に触れており、人への共感を通じて自分の枠組みから出ることの重要性や、禅などのマインドフルネスと創造力の関係についても触れています。これはchapter1で説明した、右脳モードを活用するということにすでに踏み込んでいたことがわかります。
　私にとっては、デザイン思考の手法やプロセスを世界で先端を行っているといわれていたアメリカで学びながら、そのルーツに50年前の日本人を発見したことは大変な驚きでした。デザイン思考に興味をお持ちの全ての方に、『発想法―創造性開発のために』のご一読をお勧めします。

chapter 5

デザインという
ビジネス・キャリア

デザイン、テクノロジー、ビジネスは、異なる3つの世界だと考えられている。しかしわたしは、これらをひとつにつなげて考えたい。

KPCBデザインパートナー　ジョン・マエダ

chapter 5

ビジネスマンにとっての
デザインスクールという選択肢

　ビジネスマンがキャリアアップをする際の有力な選択肢としては、MBA があります。

　しかし私は、MBA への進学はまったく考えませんでした。これは私の持論ですが、今後の社会は「変革と創造の時代」にはいっていくなかで、ビジネスのリソース管理のスキルを主に学ぶMBA（Business Administration）ではなく、いま今存在しない価値を創り出すスキル（Creation）が必要とされる時代がくるという時代の認識があります。

　デザインスクールへの留学時代には、MBA で学んでいる友人もたくさんできました。「はじめに」でも書いたように、デザインスクールで教えられている創造の方法論について彼らの間でとても興味関心が高まっています。

　MBA に学んでいるたくさんの友人たちとの会話からわかったこととして、MBA にいくことの本質的な価値とは、次世代のリーダーシップ教育と起業家教育、また特にトップスクールの場合にはネットワーキングにあるようです。もちろん、統計解析やファイナンスのスキルがビジネスの実務に役立つ価値に転化されやすい分野として挙げられますが、マーケティングや事業企画、商品企画などの分野については、分析的なアプローチにとどまっており、実践的とはいいきれない印象があります。

　企業で企画やマーケティングをしていた立場で MBA に在学している人の話を聞くと、MBA では体系的に実践してきたことを

振り返ることはできても、実務能力を高める上では、必ずしも現場で必要なスキルとは異なるという印象を持っている人に何人も出会いました。そういう人は、デザインの授業に興味を持っていたり、実際に自分で起業することで学び取ろうとしていました。

アメリカの MBA の卒業生の進路でも、これまでは金融やコンサルティング会社に進むのが人気のコースだったものが、最近では起業や社会起業などのキャリアがいちばん人気になるという変化が起こっているといいます。MBA のようなエスタブリッシュメントとの世界においても、今までにない社会的価値を創りだすためのスキルがますます注目されているのはこのためです。

そのためか、大学側もこの流れに対応して、デザインのプログラムをカリキュラムに取り入れる動きも加速しています。たとえば、私が留学中に訪れた MBA だけでも、以下のような一流 MBA がデザインのプログラムを併設していました。

- スタンフォード大学 d.school：スタンフォード大学エンジニアリングスクールがつくった学際クラス
- トロント大学ロットマンスクール：MBA プログラム自体に、デザインやビジネスデザインなどのプログラムが入り、本格的にデザインとビジネスを融合したプログラムを実施
- MIT：授業の1つとして、ボストンにあるロードアイランドスクールオブデザインと組んだプロダクトデザインの授業を実施
- ノースウェスタン大学ケロッグスクール：MMM というプロジェクト型デザイン思考の授業を取ることができる
- クレアモント大学ドラッカースクール：デザイン思考と、組

chapter 5

織開発を MBA に組み込んだ先進的なプログラム

　これらのプログラムの重点は、あくまで将来のリーダーを育てるリーダーシップ教育であり、そのための視点の1つとしてデザインという新しい価値をつくりだす部分を補完するということになっています。具体的に「創りだす」スキルについては、個別の授業で全て学べるわけではないため、彼らはデザインスクールの内容に興味を持っていたのでした。

MBA では学べない、創造力の学び方
　一方で、マーケターや企画者として新たな商品やサービスを発想したり、いろいろな人を巻き込みつつ精緻なものにつくりこんでいくアプローチやスキルについては、ID のようなビジネス視点を取り入れた美大のデザインプログラムやデザインスクールで学ぶことができます。特に、ビジネスサイドから学べるデザインという意味だと、以下のような学校が存在します。

- イリノイ工科大学 ID（米シカゴ）
- カーネギーメロン大学（米ピッツバーグ）
- パーソンズ（米ニューヨーク）
- アートセンター・カレッジオブデザイン（米カリフォルニア）
- ロイヤルカレッジオブアート（英国　ロンドン）
- ロンドン芸術大学イノベーションマネジメント（英国　ロンドン）
- ミラノ工科大学（イタリア　ミラノ）
- ドムスアカデミー（イタリア　ミラノ）

- アアルト大学（フィンランド　ヘルシンキ）
- デルフト工科大学（オランダ　デルフト）
- アイントホーフェン工科大学（オランダ　アイントホーフェン）

　これらは、クリエーター教育の一環として、ビジネスという分野を扱っています。

　MBAは組織として経営者視点でマクロな視点から、デザインスクールはよりクリエーター個人の視点でイノベーションについて学ぶ場所です。そのため、MBAとデザインスクールの両方に通う方もいます。IDにはMBAとデザイン修士の両方の学位をとれるプログラムもありました。

　創造という行為に一般の人でも取り組みやすい環境になっているいま、ビジネスマンも経営者を目指すこと以外の道、すなわち自分自身がビジネスクリエーターとしてのキャリアを歩むためにデザイン修士に進学するという選択肢があってもいいのではないかと思います。

　私が留学中にビジネスとデザインの交差点というブログを始めたことがきっかけで、大手戦略コンサルや商社でMBA進学を考えていた後輩が、デザインスクールへの転身をするなど、実際に上記のようなことを肌で実感する人もビジネスサイドには増えているように思います。

chapter 5

ビジネスとデザインの交差点

　実務では、ビジネスとデザインがどんどん近づいてきていることを感じています。アメリカで最大級のベンチャーキャピタルKPCBは、デザインパートナーとしてアメリカ最高の美大のひとつロード・アイランド・スクール・オブ・デザインの学長ジョン・マエダを招きいれました。彼は2015年のアメリカのスタートアップのイベントSXSWにて、ビジネスとデザインが近づいてきている背景として、以下のようなプレゼンテーションを行っています。

- デザインファームを大手企業が買収し、クリエイティビティを取り込んでいるトレンド（Flextronicsがfrog design、AccentureがFjordを買収したのをはじめ、FacebookやGoogleは複数のデザインファームを買収）
- デザイナー発のスタートアップが増えているトレンド（AirbnbやPinterest、lynda.comなどはその代表的な成功例）
- デザイナーが共同創業者に入っているスタートアップの成功率が高まっているトレンド（27個にものぼる）
- ベンチャーキャピタルがデザイナーをチームに招き入れているトレンド
- Top10のMBAにおいて、生徒が自主的に運営するデザイン活動が増えているトレンド

　ジョン・マエダはこの講演の中で、ムーアの法則に代表されるエンジニアリング的な価値に加え、ユーザーの感情を揺り動かす

体験価値、つまりデザインの価値が付加されてはじめて、価値になる時代だと言及しています。さらに、デザイナーをビジネスサイドの人間がうまく活用することがビジネスの成功に大きな差別化要素になると指摘しています。

デザイナーをうまくビジネスや経営で活用することが必要ですし、同時に、うまくデザイナーとコラボレーションするには、ビジネスサイドでもデザインを共通言語としてわかっていることが非常に大事になると思います。デザイン思考は、デザインという不可欠の経営資源をあなたのビジネスに取り込むための下敷きとして不可欠な役割を果たすと思います。

デザイン思考のビジネスの実務家にとっての意味

「デザイン思考」は、デザイナーが０から１を生んでいくために無意識に実践している考え方を、ビジネスマンが新たな価値を生み出すための方法論として整理したものです。デザインとビジネスの距離感が近い、アメリカを中心に発達してきました。

一方で、日本ではデザインというと、グラフィックデザインや、商品自体の外観のデザイン（専門用語では意匠と呼ばれています）とみなされがちなこともあり、面白そうだけど「ビジネスの実務家にとってどんな意味があるの？」という質問をよく受けます。

私の理解では、デザインの方法論は、大企業、個人を問わず、自分でゼロから企画を立ち上げたいと思うあらゆる人にとても役立つ方法論です。企画というのは、新規ビジネス、新規のイベントなどはもちろんですが、社内向けのプロセスを改善する企画を含め、必ずしも企画職だけのものではありません。マーケター、

chapter 5

　商品サービス企画、広告代理店の営業、商社や事業会社などで事業開発などの企画色が強い仕事はもちろんのこと、個人で二枚目の名刺として新しい企画を仲間と立ち上げる人や、スタートアップをつくりたい人、NPOや社会起業家、そして、管理、人事、経理などの部門でも社内に新たなプロセスをつくりだしたい人などにもとても有効な方法論だと思います。
　具体的に私が思うデザイン思考を活用した働き方のメリットは以下のとおりです。

- ユーザーニーズ不在の企画を避けることができる
- 立ち上げチームが同じ方向を見て、動くスピードが早まる
- チームとしての発想力が増える
- プロセスが見えにくい企画プロセスの共通言語となる

　一方で、デザイン思考をしっかりと実践しようとすると「全部のプロセスをやってるお金も時間もない」という壁に直面するでしょう。実際に、ビジネスの現場では、企画書をつくるのは1ヶ月、あとは実際に立ち上げてみて判断する、というようなスピード感で動かなければならないことも多いはずです。
　私がお勧めしているのが、デザイン思考の一部だけを日々の業務のやり方を変える形で活用する、もしくは全部のプロセスをスピーディーかつ簡易なかたちで行い、企画のたたき台であるβ版をつくりながら検証するようなやり方です。

忙しい日常の中で
デザイン思考を実践するコツ

　ちょっとした工夫をすることで、デザイン思考を実際にビジネスに取り入れることができるようになります。

　スタンフォード大学d.schoolとIDEOの創業者でもあるデイビッド・ケリーはその著書『Creative Confidence（邦訳：クリエイティブマインドセット）』の中で、「長年企業と働いていた経験のなかで、周囲の環境が〝クリエイティビティを殺してしまう〟環境である場合に役立つデザイン思考の実践方法の9つのヒント」を紹介しています。

1　自分が創造力を持っていることを信じ続けることを強く決意する
2　日々、旅人のような気持ちで、周りの世界から新しい発見を探そうとする
3　常にリラックスし、周囲にオープンな雰囲気をつくりだす
4　ユーザーに寄り添い、共感しようとする
5　まず、現場に行って観察しようとする
6　「なぜ」を繰り返す
7　目の前で問題が見えていても、視点をずらして、本質的課題に置き換える
8　自分の創造力を応援してくれるネットワークをつくる
9　偶然の出会いを大事にする

自分1人で実践できる創造の習慣

　留学後、私は大企業で過ごす生活に戻りましたが、日々の習慣を通じて創造力を高めることを意図して、日常に取り入れるようになった習慣があります。

　以下はその一例ですが、これらは心がけ次第で実践しようと思えばできるものばかりです。

1　身のまわりの小さいものでも、自分にいちばん合った形に工夫して作り変えてみる
2　日々、スマホのカメラで、面白いなと思ったものを写真で撮って残す
3　チームメートとのミーティングは、できるだけ「最近興味を持っていること」を最初に話す
4　アイデアを思いついたら身近な人にまず話してみる
5　二次情報を信じないで、会社を抜け出し現場に行って、人に聞いて判断する
6　現場の膨大な情報をブログに書いて発信し、それをネタに人に話す習慣をつける。説明するために「なぜ」を考えざるを得なくなる
7　いろいろな課題が見えてきたら、それを包括できるような大きな問いかけ「そもそもそれってなんでやるの？」を考え、チームメンバーに質問する
8　アイデアを思いついたら、「ポジティブに反応してくれそうな友人」2、3人にぶつけてから、他の人に話す
9　フィールドワークに行くときは、バッファを持って、その場で知ったこと、紹介してくれた人にその場で会いに行く

組織の中でデザイン思考を
実践しやすい環境をつくるヒント

　組織の中で創りだす技術を実践しようとしたときに、それを仕事として認めてもらうための地ならしも重要です。忙しい日々の生活の中で、組織内で十分に理解を得ていないやり方を仕事で実践するのも一苦労でしょう。

　『クリエイティブマインドセット』では、デザイン思考での仕事の仕方を上司に認めてもらうヒントについても、紹介されています。

- まず、今あるプロセスの上に乗っけるやり方を工夫する
- また、与えられた仕事に加えて、新しい創造的なアウトプットを乗せる
- 与えられてないことを、追加で全然違った形でやる
- （もし逆に、マネージャーの役割だったら）イノベーションの許されるスペース（余地）をつくる

　一度認めてもらったら、それを持続させるためには、以下のようなことを気をつけるべきと言っています。

- 「大きく、かつ簡単にアウトプットが出る」ことからはじめる
- 普段と違ったことを簡単に実験してみるやり方を探す
- インスピレーションをくれる仲間をできるだけ近くに置く
- 外部で支援してくれる仲間を持つ（オープン・イノベーショ

ン・コミュニティ）
- 常に学ぶことを楽しむ

　今している仕事の仕方をちょっと変化させて、デザイン思考を「普段の仕事にとけ込ませる」ためのアプローチを工夫することがお薦めです。私も留学から戻った後に意識するようにしました。日常でも無理なくできるヒントをご紹介します。

リサーチ
- チームメンバー同士のインタビューや、社員など比較的近い人にランチ時間を使ってインタビューをする。1週間で5人に1時間インタビューをするだけでも、今までの日常の自分とは違ったインサイトが多く得られるはず（所用ランチ時間1週間分）。
- オフの時間に仲間とテーマを決めてワクワクする場所にいく。プロジェクトのヒントとなりそうなものをひたすら写真でとりまくる期間をつくる。チーム3人くらいでやればそれなりの観察効果がある（休日半日）。

分析、統合
- インタビューしながらの学びをポスト・イットで記録しておき、そのまま、インタビュー終了後グルーピングすることで、短時間ですませることができる（1時間）。

プロトタイプの方法
- 普段ブレーンストーミングをする際のやり方を変える。ポス

ト・イットに加え、A4 の紙を半分に切った紙とカラーペンを用意し、絵を使ったビジュアルスケッチによるアイデア出しを試してみる（1 時間）。
- 新規ビジネスのアイデアのうち良さそうなものがあれば、その場でビジネスモデルキャンバスを使った、ビジネスモデルプロトタイプまでやってしまう（30 分〜1 時間）。

プロトタイプの検証

- 自分たちの考えているコンセプトを 1 枚のスケッチにまとめて日々持ち歩き、夜飲んだ友人に、おもしろ半分に反応を聞いてみる。

　これだけだったら合計 1 〜 2 週間、ちょっと追加で時間を使えばできることばかりです。日々の仕事の中や、仕事が終わった後に有志で実行することも可能でしょう。

　これらを確実にやりはじめるためには、まずは業務ではないことではじめてみるのも 1 つの手です。業務外であれば、誰もあなたを止めません。

　そのためには、この作業自体を自分を含めたメンバーが「楽しそう」と思えるかたちで企画することが大事です。「楽しそうだからやろうよ」といってはじめた活動は続きやすいし、形になりやすいものです。

　余談ですが、私が立ち上げに携わったソニーの SAP（Sony Seed Acceleration Program）という新規事業創出のエコシステムは、私を含む数人の有志によってもともとは業務外で進めてきた企画です。

chapter 5

越境人材という道

　時代の変化のスピードが早く、かつ常にイノベーションを求められ続ける世界の中で生きていくために、キャリアをどのように考えたらよいのでしょうか。
　私が留学前にたいへん悩んだのは、MBAと違ってデザインやイノベーションの大学院に進学したときには、卒業後のキャリアが非常に見えにくいということでした。
　その背景として、デザインやイノベーションの世界は、様々なキャリアや強みを持った人が強みを混ぜ合わせて新たなものをつくる異種格闘技戦のような世界であることが挙げられます。同時に、イノベーションという「今までにない価値をつくる」新大陸においては、そのキャリアを自分でつくっていくというマインドセットも同時に要求されるのです。
　そのため、この新大陸におけるキャリアは「白地図」だといえます。その上に都市を見つけたり、道を書いたりするのは、私達自身だということなのです。
　ここからは、「創りだす」世界において、キャリアを積み重ねていく上での視点をご提供します。

越境人材の時代

　イノベーションを語る上で、デザイン、エンジニアリング、ビジネス、という3種類の人材が交差する〝地図〟を描くことが重要です。
　自分と違うスキルを持った人とチームを組むことをベースにし

イノベーションを担う3つの輪（再掲）

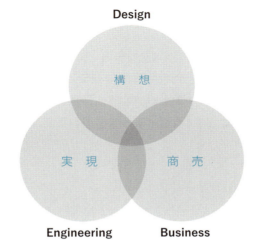

たとき、自分がどの領域をコアにして強みを発揮し、他の領域を得意とする人と組む必要があるのかが明確になります。

ちなみに、デザイン、エンジニアリング、ビジネスを担う人材とは、必ずしもデザイナー、エンジニア、ビジネスマンでなければならないわけではなく、相当する機能を果たせる能力があればよいのです。たとえば、以下のように定義することができます。

- デザイン：人間の生活にとって理想的な姿を描く力（What to do）
- エンジニアリング：理想的な姿への解決策を実現させる力（How to make）
- ビジネス：解決策のインパクトを持続可能に最大化する仕組みを作り、人を動かしていく力（How to maximize）

イノベーションの現場を担う人材を育成するデザインスクールでは、未来を描く役割を担うデザイナー、それを実現可能な形に引っ張り上げるエンジニア、そのインパクトを最大化する役割を担うビジネスマンの3つの職種を集めて新たなイノベーションを生むというコンセプトが提唱されています。

　過去にはこの3つの機能は分業で行われていましたが、少人数のチームで協業できる人材を育成する方向に向かっているのです。

越境人材というキャリア

　デザインスクールが目指しているのは、単なる3つの専門性のかけ算ではなく、3つの円の交差点にいる「越境人材」の育成と、それに派生する新たなスキルセットを持った職種に対応するものになっています。

　それはたとえるならば、サッカー日本代表のオシム元監督が好んだ、様々なポジションをプレーすることができ、ゲームの展開によって様々な役割を果たせるメンバーによるアメーバ型のチームを担う人材といえます。

　3つの円の交わりを実現する人材とは、自分の専門性がない分野についてもある程度相手の言語を理解して話すことができ、かつ簡単なプロトタイプくらいなら違う分野のものでもつくることができ、それをもっと専門性のある人に見せて動かすことができる基礎能力を持つ人のことです。

　日本の大企業では、多くの場合、デザイン、エンジニア、ビジネスを担う機能は組織上完全に別になっているのが普通です。キャリア上も、美大出身、理系工大出身、総合四大出身であるのが

一般的で、多くの場合はそれぞれで独立したコミュニティをつくっています。コミュニティの雰囲気はもちろん、その中で使われている言葉もまったく違っています。このような、まったく違う背景をもつ人たちを結びつけて付加価値を出すためには、それなりの前提が必要になります。

デザインスクールで教えている、人間中心デザインのプロセスやプロトタイプをつくる能力、コミュニケーションデザインは、いずれも越境人材の付加価値を出すために必須の能力と言っても過言ではありません。

なぜ越境者が価値があるのか
～T字型からH字型人材へ

日本においてデザインの世界は、美大出身の閉じたコミュニティという傾向が強かったようですが、デザインの実務の世界においても、同じような越境人材とその越境を繋ぎ合わせる力が必要になってきているようです。

英国の大手デザインファーム、シーモアパウエルのシニアデザイナー池田武央氏は、デザイナー側からの越境者の役割として、「T字型人材」から「H字型人材」への変化を提言しています。

人事評価の世界でよくいわれている「T字型人材」とは、特定の分野を究め、その深い専門知識と経験・スキルの蓄積を自らの縦軸に据えつつ、さらにそれ以外の多様なジャンルについても幅広い知見を併せ持っている横軸をもつ人材のことです。

デザイナーの世界でもこれまでは、デザインスキルという専門性という縦の棒に加え、いろいろな分野をカバーできる視野を持つT型人材が重要でした。それに対し、人材開発の世界では、

chapter 5

▌ビジネスマンにとっての「創りだす」キャリアの白地図

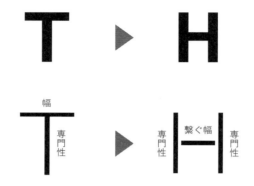

π型人材と呼ばれる、2つの専門性を持ち視点を切り替えて考えることができる人材の重要性が指摘されるようになりました。

しかし、様々な人々が協働でイノベーションを生んでいく時代においては、必要なスキルが多様化しており、複数の人が持っている専門性を組み替えて活用する力が必要になってきています。

H型人材とは、強い専門性が1つあり、他の人の専門性と繋ぐ横棒を持ち、ほかの人とつながってHになるという"人と繋がりやすい"人材の像です。

これからのデザイナーには、専門性という縦棒を持った複数の人々をデザインの力の持つ未来の発想力や、可視化能力を使って繋ぐ力が重要になっていると池田氏は語ります。

池田氏は、同じくビジネスとデザインとエンジニアリングが高度に融合したプログラムとして有名なフィンランドのアアルト大学のデザインプログラムを卒業していることもあり、ビジネスと

デザインを繋ぐことができる、H字型のスキルを持ったデザイナーとして、デザインの本場ロンドンで活躍しています。

このような人と人と繋ぐデザインができるH字型人材については、デザインの世界に限らず、社会の大きな変化の中で必然的にニーズが高まっている人材像であるように思います。

インターネットが普及し、みんながスマホでソーシャルネットワークを使う時代になり、個人が個人レベルで実現できることが増えてきています。ソーシャルネットワークのハブとなっている人に、情報が集まる現象が起こっています。

人と人、会社と会社を繋ぎ合わせるハブとなっている人の役割はより大事になります。ある程度人脈や知識の幅が広く、いろいろな背景の人と話ができたり、違うコミュニティで生きている人のことをよくわかっている人が、新たな組み合わせからイノベーションを生むのです。その繋ぎをうまく進める上では、自分の専門性を持ち、他の人の専門性とつなぎ合わせるH型人材の役割がより重要になります。

かつては、自分の専門性を磨き、レバレッジをかけて他分野の専門家と分業し、戦略的に大きなインパクトのある成果を出していく働き方がよいとされていました。しかし、変化がおきやすい今の時代においては、柔軟性を高めるために、のりしろの役割を果たせる越境人材の価値が高くなってきているのだと思います。

このような意味で、デザインスクールが教えるデザイン、エンジニアリング、ビジネスの越境人材として身につけるべき人間中心デザインやプロトタイピング、コミュニケーションデザインなどのデザイン思考は、ハブとなる人にとって強力な武器となるでしょう。

chapter 5

イノベーションの世界におけるキャリア・パス

　イノベーションの世界におけるキャリアの基礎能力がH字型人材になることであるとしたら、そのスキルを持った人が就く職種は図に表すようなものになると考えます。この図は、先述のデザイン、ビジネス、エンジニアリングの3つの輪に、外側を場づくりを行うという器で囲った図になります。そして、イノベーションの中におけるキャリアの多くはこれらの重なる領域や隣接領域に生まれているのではないかと思っています。

　同時に、次ページの図は以下の3つのトレンドを表していると考えられますので、次にこれらを説明します。

1　デザイン、エンジニアリング、ビジネスの交差点で生まれる新たな職業の出現
2　世の中にWHYを問いかけ続けるアーティスト的な起業家への道
3　デザイン、エンジニアリング、ビジネスのコラボレーションを促すプロデューサー

21世紀のイノベーションキャリアの地図

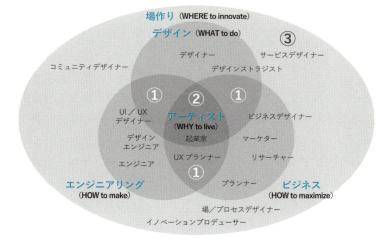

① デザイン、エンジニアリング、ビジネスの交差点で生まれる新たな職業の出現

　デザインスクールに通うデザイナーやエンジニア、ビジネスマンも、上記の図の①、②、③のどれかの越境点で勝負したい人が多い気がします。

　それらの越境点で生まれている新たな職業としては、以下のようなものがあります。また、そういった職業にはどういう得意分野から移行しやすいのかについても、参考までに記載します。

- デザインストラテジスト（リサーチ×デザイナー）
　デザインだけではなく、デザインリサーチとユーザー目線の商品やサービス戦略をつくれるデザイナーへのキャリアチェンジ

→リサーチャー、デザイナーから移行しやすい

- UI ／ UX デザイナー（デザイナー × Web もしくはハードウェアエンジニア）
特にウェブやタブレットなど、ハードとソフトが融合したインタラクティブな領域において、コンセプト作りと実装までをできるようなエンジニアの要素も持ったデザイナーへのキャリアチェンジ
　　→ウェブエンジニア、インタラクションデザイナーから移行しやすい

- ビジネスデザイナー（マーケター×デザイナー）
戦略作りやビジネスモデル作りに強みを持つ企画、戦略コンサルなどのビジネスの人が、人間中心のデザインを学んで、実現力を高めるキャリアチェンジ
　　→マーケター、戦略コンサルタントから移行しやすい

- UX プランナー（企画 × Web エンジニア）
ユーザー理解と、ビジネスモデル作りに強みを持つ企画や、マーケターが、最低限のエンジニアリングの知識を持った上で UX 企画をしたり、逆に実現可能性の知識を豊富に持つエンジニアが、ユーザー理解やビジネスモデル作りを学ぶキャリアチェンジ
　　→商品サービス企画、マーケター、エンジニアから移行しやすい

- デザインエンジニア
エンジニアが自らデザインしてものをつくることはウェブでは

もはや常識ですし、ハードウェアの世界においてもこのようなことが当たり前になりつつあります。

　→エンジニア、デザイナーから移行しやすい

②　世の中に WHY を問いかけ続ける
　　アーティスト的な起業家への道

　このように様々な隣接する領域のイノベーターが向かっているのが、すべての領域が交わる真ん中へ向かう方向です。

　先述の KPCB のジョン・マエダは、2012 年 Wired のインタビューで以下のようなメッセージを残しています。

「いま、イノベーションはデザイン以外のところで生じる必要がある。それを簡単にいうと、アートの世界ということになる。

　デザイナーが生み出すのが「解決策（答え）」であるのに対し、アーティストが生み出すのは「問いかけ」である。

　アーティストとは、他の人間にとってはまったく意味をもたない大義、けれども自分にとってはそれがすべてという大義を追求するために、自分自身の安寧や命さえ捧げることもめずらしくない人種である。

　彼がつくり出そうとしていた未来に対するビジョンや、そのビジョンが表す価値観を受け入れ、それに対価を支払っている」

　この話が示していることは、世の中の問題解決をするデザイナーの時代から、自分だけが信じる主観的な世界を世の中に問いかけていく問題提起型のアーティストの時代への変化です。

　イノベーションは、科学者やエンジニアなどから起こる純粋な

chapter 5

技術進歩的なものだけではなく、製品に新しい意味（製品の体験から得られる価値など）を付与するデザイン・ドリブン・イノベーションの概念のように、変化を遂げています。

そして、問題解決型のデザインイノベーションはもはや当たり前となり、これから目指すべきなのはそれを踏まえた上での問題提起型のアーティストによるイノベーションの時代だ、とジョン・マエダは語っているのです。

これはキックスターターなどで、起業家が実現したい世界観を提示し、それに対してファンが支援し様々な議論が行われ、起業家にリソースが集まっていくというようなイノベーションのあり方にも表れています

ビジネスマンの間でも、起業のハードルは下がっていますし、社内起業の場を大企業が用意するケースも増えてきました。

今後はますます、ビジョンを通じて、デザイン、エンジニア、ビジネスの3つの要素を持った人を統合していくキャリアを歩む人が増えてくると思います。

③ デザイン、エンジニアリング、ビジネスの
コラボレーションを促すプロデューサー

次に、3つの円を繋げてイノベーションを実現するために、ばらばらな人やリソースを繋げる力、それを仕組み化するための場づくりをするプロデューサーの存在が挙げられます。

特にこの動きは、アメリカよりも、ユーザー参加型デザインの本場であるヨーロッパで盛んになってきています。イギリスの名門デザインスクールのロイヤルカレッジオブアートでは、「デザイナーはカタリスト（触媒者）であるべき」といった提唱がされ

ています。
　この新しい分野における貢献の仕方は、以下の3種類に整理できます。

- プロセスデザイン、ファシリテーション
　たとえば、リアルな店舗サービスやウェブサービス、公共サービスのデザインを扱うサービスデザインという新しい分野では、異分野の人たちを集めたファシリテーションのスキルや、それを一歩進めた組織変革スキルが必要不可欠とされています。
　アメリカではJump Associatesなどの、デザイン思考と組織開発の世界を融合したコンサルティングファームが出てきています。

- 場やコミュニティのデザイナー
　建築やインテリアデザインにもともと強みを持つチームで、イノベーションが起こりやすい物理的な場のデザインをしたり、コワーキングスペースなどのコラボレーションスペースなどの場や仕組みのデザインなどを担う人。
　さらには、その場にイノベーションを担う必要不可欠な人材を集めてくる人。

- サービスデザイナー
　主にウェブを中心にUXデザインを行っていたデザイナーが、サービスをデザインする際に、人や組織を巻き込むスキルが必要だと組織開発的手法を活用しはじめ、サービスデザイナーと名乗るパターンがあります。

これらのプロデューサーの職種はそれぞれ違う背景から生まれていますが、目指している方向は、環境や仕組み、そして人の関係性を含めてつなぎ合わせ、イノベーションを実現していくことであり、総称するとイノベーションプロデューサー型のキャリアといえるのではないかと思います。

ちなみに、ソニーの井深大氏と盛田昭夫氏のようにエンジニアとマーケターの組み合わせによるパートナーシップはうまくいくといわれていますが、これからの時代においては、自分の人生をかけて信じる新たなストーリーを具現化していく起業家と、社内外の様々なリソースを結びつけるイノベーションプロデューサーのコラボレーションが重要なのではないかと思います。

ビジネスとデザインの交差点におけるキャリア

もし、ビジネスマンとしてデザインとの交差点におけるキャリアをスタートさせるにはどうしたらいいかと問われたら、私の考えでは「ビジョンを持っている起業家型のクリエーターと一緒に働くことが最初のスタートとしては適切です」と回答します。

まず、デザイン思考のプロセスでプロジェクトを進めていく上でいちばん大切なことは、起業家型のデザイナーの持つ構想力を最大限に活用するという方向性です。それをサポートしていく上で、以下に挙げる2～5の支援機能が必要不可欠になります。

構想は自分自身が担い、それを具象化させるためにデザイナーと協働するという手法もあるでしょう。

私自身、ビジネス側の人間としてクリエイターとコラボレーションするうえで試行錯誤してきましたが、そこで活躍できる人を

ビジネスとデザインの交差点の5つのタイプ

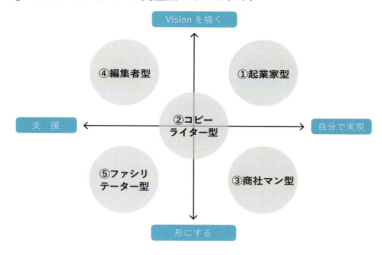

分類したのがこの5つです。

　これらは、私自身がメーカーでイノベーションプロジェクトに関わり、デザイン、エンジニア、企画など様々な立場の人と仕事をした中で明らかになってきた貢献の仕方でもあります。

① 起業家型〜ビジョンを物語る力
　核となるビジョンやユーザー経験をビジネスモデルに変えていく構想力と、実行することが得意なデザイナーは、自らの持つビジネス構想力を生かして起業家となることができるでしょう。ビジネス視点からビジョンとビジネスモデルを構想し、お金と人を惹きつけていくスタイルです。
　これは一種のビジネスと、課題解決というデザインを自然に両

立してしまっているパターンです。

　では、起業家になれない人は、イノベーションの震源地にいることはできないのでしょうか？　決してそんなことはありません。「起業家の構想力を実現に持っていくためのあらゆる支援」という領域には付加価値があります。その背景には、「デザイナーは、絵は描けるけれど、絵に描いた餅になりがちである」というジレンマがあるからです。

　デザイナーの描いた絵を実現させていく支援の仕方としては、以下のようなスキルを活用して協業するパターンがあると思います。

② 　コピーライター型〜コンセプトの言語化力

　起業家のビジョンをコンセプトに落とし、絵を言葉に翻訳するため、マーケティングのスキルを活用することです。特に、言語化、コピーライティング、ネーミングなど付加価値が高いものです。

　デザイナーはビジュアルをつくることは得意でも、エッセンスを短い言葉に凝縮することも得意とは限りません。両方ができるデザイナーは一握りのデザイナーでしかなく、滅多にいません。

　広告会社でコピーライターと、アートディレクターとプランナーがコラボレーションするのは、まさにこの付加価値の出し方です。

　この軸で勝負する場合は、ビジョンやコンセプトを誰にでもわかる言葉に変えるコンセプトライティングと、価値を凝縮し統合したネーミングをつくることなどが特に付加価値になると思います。

③　商社マン型〜ビジネスモデルデザイン力

　コンセプトアイデアが出た初期の段階で構想されたユーザー体験を、収益モデルやパートナー戦略、チャネル戦略などのビジネスモデルの青写真を描き、実際にお金を払うユーザーや、パートナー企業と繋いで仕組みを仮説検証しながら実現していくタイプになります。

　デザイナーから、ビジネスモデルや収益モデルのようなものがアウトプットされることは、IDEOやgravitytankなどのアメリカや欧州のデザインファームではかなり普通になってきています。しかし、日本ではまだ一般的ではありません。

　構想したコンセプトスケッチやユーザー体験のシナリオをビジネス化するための青写真を描くビジネスモデルデザインは、デザイナーの構想の実現性を高めるためにとても価値がある貢献の仕方です。

　商社やベンチャーキャピタルのような場所で収益モデルのパターン認識ができるくらいの経験を積んでいる人にはこれが可能です。

④　編集者型〜生活者の物語を編集して伝えていく力

　生活者の物語をリサーチしてインサイトを集め、今後作っていきたい世界観の発想を刺激するストーリーを描いたり、そのトレンドが今後大きくなってくる可能性を示す編集者の存在も必要です。

　デザイナーの書いた人間中心のストーリーを補完するデータの収集、編集を通じて、意思決定をするための材料を肉づけしていくイメージです。ユーザーリサーチで集めたストーリーに加え

て、マクロデータを肉づけできれば強力なサポートになります。

　さらに、マクロデータからデザイナーの力を使ってダイヤグラムやインフォグラフィックのようなビジュアルをつくることができれば、さらに強力な資料ができていくでしょう。

⑤　ファシリテーター型
　　〜プロセスデザイン、ファシリテーション力

　リサーチ、企画段階における外部との共創の仕掛人になるファシリテーター型も重要です。

　SNSの活用に長けた人やファシリテーションができる人ならば、デザインリサーチのためにチーム外の専門家や初期ユーザー候補をつなげたり、ワークショップを仕掛けることができます。デザイナーに新たなインスピレーションを与えつつ、チームづくりやパートナー開拓のお手伝いをすることができます。

　また、新たなビジネスの生態系をつくる必要がある場合には、社外との共創でビジョンを構想したり、コンセプトアイデアやビジネスモデルを描く場をつくることで、いち企業の枠を越えたコラボレーションのきっかけづくりができます。その過程で不可欠な社内の様々な部署からの支援を得るために、ワークショップを設計して巻き込んでいくことも、イノベーションプロジェクトを社内で広げていく上で、強力なサポートになるでしょう。

ビジネスとデザインの交差点で
受け入れなければいけないこと

　ビジネスマンがこれらのキャリアを歩んでいく上で、ビジネスの世界で生きてきた考え方の一部を捨てなければいけない面が存在します。

　私が留学中に出会った、ビジネス出身でデザインを学んでいた世界中の仲間の声も引用しながら、進めていきたいと思います。

アウトプットやプロセスが
「明確ではない」状態に耐えられるか？

　戦略コンサルタントとして活躍していた後輩がキャンパス訪問に来たときに印象的だった出来事があります。

　IDの授業を受けた印象を聞いたところ、「コンサルと違って、フレームワークやまとめ方が緩い印象ですね。全然アプローチが違うので興味深いです」ということでした。

　どうやら、いろんな生徒の意見を先生がホワイトボードにまとめるやり方があまり構造化されていないという印象を持ったようです。これは、ゴールや成果が数値化され、それを達成することが大事という「前年比」の世界観で生きているビジネスマンにとっては最も戸惑う部分かもしれません。

　デザイナーと一緒に働いていると、「カオスの状態を恐れるな」と言われます。それは、事前にアウトプットやプロセスをガチガチに決めすぎてしまうと、チームを枠にはめてしまい、結果的に事前に想像していたものに「落とし込む」形になってしま

い、イノベーションの芽を摘み取ってしまいがちになるということです。この裏返しは「カオスの状態を恐れず、楽しむ」状態にあたります。

　私自身も留学当初は、進め方が決まっているような、決まっていないような状況にはかなり苦労しました。しかし、プロセスやアウトプットをきちんと定義するのは「その枠に縛られないように気をつける限り」においては、とても重要なことなので、つねにベータ版としてのアウトプットイメージやプロセスを提案し、ときには大胆に壊しながら状況に合わせて書き換えていきました。これが、ビジネスマン出身の人にとっての付加価値だと思います。

背景の違う人と協働するのは時間的、精神的コストがかかって大変

　「バックグラウンドの違う人たちとの協業は大変。むしろ難しさを感じないとそれは本当の意味でシナジーを生んでないかもと思うことで精神的ストレスに対処します」

　これは、イギリスのロンドン芸術大学のイノベーションマネジメントの博士号にいる天野剛氏のコメントです。彼はシスコシステムズの営業職からイギリスのデザインキャリアに身を転じ、今ではビジネスモデルデザインの分野の研究をしている人です。

　多様性のあるチームで働くためには、言葉の定義の違いにはじまり、ビジョンや進め方の合意を取るためのエネルギーや時間のコストが大変大きいこともあります。特に「これが良いアイデアである」という価値判断がとても難しくなります。典型的な例でいうと、ビジネス的に大きくなりそうなアイデアが、必ずしもデ

ザイナーからすると「美しくない」と言われて相容れないということが起こります。

　また、国籍の多様性が大きくなると、たとえば先進国と新興国出身の人では、育ってきた文化や環境が異なるため、全てのプロセスや価値判断を合意して進めていくのはとても難しいと感じることもしばしばありました。

　ビジネス系の学生の強いところは「言語化」ですので、chapter1でも出てきた課題設定の文章を提案して言語化することでチームが解決すべき課題を共有することができます。また、アイデアをできるだけ具体的に表現してから議論することで、共通言語の不一致を防いだりすることはできます。

　最終的には「困難を理解した上で、大きく飛んだアイデアをつくるために多様性にチャレンジする」という姿勢をチーム全員で持つことが、もっとも現実的な解決策だと考えます。

視覚化スキルの欠如

　ラフバラ大学の玉田桃子氏はこう語ります。

「ビジュアライゼーションスキルのなさは、大きな壁でした。特に私が専攻しているService Designの実践的な場では、見えないサービスを『見える化』するスキルが求められることがほとんどです。ポスターの掲示などをすると、内容として充実していたとしても、オーディエンスの感覚的な注目を一気に集められるようなビジュアルには、引けを取ってしまうわけです」

　ビジネス系、エンジニア系の人がデザインスクールに行ったときに共通して感じる壁はこれです。特にイノベーションの構想段階では、「まだ見たいこともないものを提案する」ため、「美しく

魅力的に見える」ということが、プロジェクトを前に進める上で強力なパワーとなります。

　ビジュアル表現の能力が不足しているために注目を浴びないことはとても理不尽に思いますが、それもまた世の中のルールです。実務上は、デザイナーとしっかり協働して進めていくことが本質的な解決策だと思います。

　通常デザイナーは、ある程度ビジネスコンセプトやプロトタイプができたタイミングではじめてプロジェクトに参画することが多いのですが、構想段階で巻き込んで進めていくと強力なパートナーとなることは間違いありません。

クリエーターに仲間として認めてもらうこと

　これは私がいまだに、自分の最大のチャレンジとして考えていることです。

　クリエーター気質の強いデザイナーは、「この人は自分のインスピレーションを刺激してくれるから、一緒に組みたい」という理由でパートナーを選ぶ傾向があります。

　一般的に、ちまたに出回っている「デザイン思考」はあまりに表層的すぎて、彼らには「浅い」と思われているので、デザイン思考のフレームワークやプロセスだけを語ると、話を聞いてくれなくなることもしばしばです。

　実際、デザイナーのコミュニティに入っていくことは、ビジネスの世界でのネットワーキングと比べて難しく、誰でもWelcome という雰囲気ではありません。背広を着ているようなビジネスパーソンが入っていくと、浮いてしまったりします。私も昔は、なかなか入っていきにくいな、とずっと感じていまし

た。

　クリエーターにとって、一緒に組みたいビジネスマン像とは、「未来の世界をこのように変えていきたい」という変革のイメージを具体的に言葉で語れる人です。未来の姿という共通言語ができればむしろ、デザイナーにとって、ビジネスパーソンは彼らのイメージを具現化するパートナーに変化するからです。

　その人という必然性が生まれる未来の物語にクリエーターは触発を受け、ビジネスとデザインの融合が生まれるのではないかと思っています。

デザイナーの常識

- [ ] 自分らしいキャリア＝個性を自分で作る
- [ ] プロセスはラフに決めつつも、アウトプットに合わせて柔軟に組み替える
- [ ] 一見役にたたなさそうなことも勉強してみる
- [ ] 時には全然違う分野の人と協業してみる

- - - - - - - - - - - - -

ビジネスマンの常識

- [ ] 自分が登りつめるキャリアパスを決め、競争に勝ち残る
- [ ] 全体のプロセスをまず決めて、着実に進める
- [ ] 自分の職能を決め、キャリアパスを描き必要な勉強をする
- [ ] 時間効率を考え、役割を決めて分業する

column

日本はデザイン思考の後進国？

　この本を通じて、「デザイン思考」という言葉で語られているものの背後にあるものをご紹介してきました。
　アメリカのデザインスクールに通う生徒数を見ると、中国や韓国、インドなどの他のアジアの国と比べて、日本人は圧倒的に少数派です。MBAなどへの留学者数と比較してもこの比率は小さいのですが、では、日本はこの分野で出遅れているのでしょうか？

　アメリカのアドビ社が日米英仏独で行った調査で、「世界でいちばんクリエイティブな国は？」という質問に対し、各国の回答を総合すると、日本が36％で1位でした（2位はアメリカ）。しかし、同時に「自分のことを創造力がある人だと思いますか？」という質問に「ハイ」と回答している日本人は2割しかいません。
　日本人は、自分のことがクリエイティブだとは思っていないのに、世界ではクリエイティブだと思われているということです。
　日本では、イノベーションというと、シリコンバレーを中心としたアメリカが本場という印象が強く持たれています。確かに、ITの分野におけるイノベーションはアメリカが中心であることも間違いありません。
　しかしその一方、国全体のイメージという視点で見ると、日本人が自分たちのことを思っている以上に欧米では、日本人のクリエイティビティについては強いイメージがもたれているのです。

> column

　また、留学中に某韓国電機メーカーの方とお話をしたときに、「日本の電機メーカーにビジネスでは勝っているが、イノベーション力ではまだまだ負けているように感じている」とおっしゃっていました。

　日本では、諸外国と比較したとき競争力がなくなっている業界が多いのも事実ですが、日本人や日本の組織が持っている潜在能力は別の次元のことですので、「自分には創造力がない」と思いこむ必要はまったくないと思います。

chapter 6

デザイン思考は
幸せに生きるための
ライフスキル

> 私たちは、右半球の意識を通じて、一つの人間家族のように、互いに繋がったエネルギー的存在です。この瞬間、私たちは完全です。私たちは全体です。そして私たちは美しい。
>
> ジル・ボルトテイラー（脳科学者）

chapter 6

自分なりにクリエイティビティを発揮して生きる

　デザインスクールに留学して学んだことのなかでも最もインパクトが大きかったこと、それは「日々、自分なりにクリエイティビティを発揮して、たえずモノを創りながら生きる生き方って、幸せだなあ」と思えたことでした。
　デザインスクールで学んでいることは、もちろん、企画の仕事やデザイン、イノベーションの仕事において「とても役に立つ」スキルであることは間違いありません。
　しかし、日々課題をこなしながら、プロジェクトを回しながら、私は自分が今まで使っていなかった脳を刺激され、それが心地よいと感じるようになってきました。留学中は、文字どおり起きている時間を全て活動に費やしていたと言っても過言ではなかったのですが、それは頑張ったというより、とても心地よく自然にできていたことでした。
　日々生きているその瞬間に自分が見ている情報が、新たな創造の種になるものであり、ネタになりうるということに気づいたときから、私の生活は変わりました。日々、周りに本当に興味を持てるようになりましたし、人とお会いするときやはじめて訪問する場所にいくときも、様々な視点から学び、それをどういうふうに表現しようかと考えるようになりました。日々何気なく生きていた時間が、24時間、表現するための種を探す時間に変わったのです。
　創りだすための方法を理解したことで、日々の過ごし方ですら

変わってくるのです。
　なんらかの表現をすることは、私にとってたいへん気分がよく、心地の良い経験でした。日々の生き方に対する大きな変化が自分に訪れたとすら思えることでした。
　このような感覚を感じたのは私だけではないようです。IDの後輩、商社出身の佐々木康裕氏の留学ブログにも同様のことが書かれていました。一部を抜粋してご紹介します。

「IDでの秋学期を通じ、想像以上に多くのものを手に入れている。瞬間瞬間に学び、全身の細胞で学びを吸収している感覚がある。
　デザイン出身のクラスメイトからは『お前いちいちこんなことにエキサイトできて幸せだな』と笑われる。でも実際に、一つひとつの新しい知識や経験が自分にとっては新しい血肉だ。プロトタイプを作っている時に教えてもらった賢いカッターの使い方、ビデオコーディングの基礎、ユーザインタビューで質問に詰まった時の隠し玉の質問、デザイナーのプレゼンテーションの型、アーティストのバックグランドをもつ生徒に教えてもらったアイディア創出のトレーニングの仕方等々を教えてもらい、体験した瞬間に。
　こう考えると、ビジネスバックグラウンドの自分は学びのマグニチュードは人一倍大きいのかも知れない」
「なぜこんなにヒトへの愛着がこれまでになく高まっているかというと、それはIDの授業で、徹底して人間中心主義を叩き込まれたから。ヒトを観察し、インタビューし、彼らの奥の声に耳を傾け、いつ相好を崩し、いつ眉間に皺を寄せたかをじっと見る。

そしてヒトの振る舞いや考え、感情を基点にしてソリューションを組立てていく。それは自分にとってまったく新しいアプローチだったけど、プロジェクトを通じてそれはworkableだということを経験し、まったく抵抗なくそのアプローチに馴染めている。今は、自分が携わっているソリューションの完成度の成否を数字で図りたいというモチベーションはほとんどない。

その代わりに日々問うているのは、『自分のソリューションの使い手にどういう感情を抱いてほしいか』『頭にユーザとして思い描いている彼女はこのプロダクトを手に取って笑顔になってくれるだろうか』『ターゲットユーザに含まれてそうな、通りですれ違った黒人の兄ちゃんに〝クール〟と思ってもらえるだろうか』『彼にとってかけがえのないものを作れるだろうか』ということ。そして、『いやいやこのままじゃダメ、もっと改良しないと』って。

こんなことを考えていると、ヒトに対する興味や、他人に対するエンパシーがとても強くなり、自分の周りにいる人がどういう感情を抱いているかのアンテナの強度がとても高まる。こんなに心を開いて他人のことを知りたいと思うようになるなんて思いもしなかった。

これはデザインがどうとかキャリアがどうとか外形的な話ではなく、これからのライフスタイルに影響を与えるような変化だな、とすら思う」（佐々木氏ブログより）

彼にとっても、デザインスクールで学んだことは、人と自分との距離感を変える、日々の生き方の変化をもたらしたのです。また、先述のロンドン芸術大学の天野剛氏も以下のような形で変化

を表現してくれました。

「昔は、客観的に必要とされるアクションやスキルに目をむけていたけど、自分がやっていて楽しい、もしくは、知らぬ間に集中していることをやる、ということをより大事にするようになった」

　彼らと私に共通しているのは、デザイン思考の技術を学ぶことで、結果的に、自分なりの創造力を発揮して日々何かしらを生み出すという生き方を学んだことだと思います。
　たとえ、スピードが遅かったり、表現の仕方はそんなにアーティスティックではなかったとしても、日々生み出すという営みをしている最中は、とても生きている実感があり、充足感を持つことができます。

　夕食をつくるということですら、以前は好きではありませんでしたが、いまではそれも一種の創作であり、ひとつのデザインだと思うようになり、進んでやるようになりました。
　生活や環境に不満を感じたときには、愚痴をいう前に「本当の課題はなんだろうか？　解決策を考えてまずは小さくてもつくってみればいいや」と思えるようになりました。
　こういったスキルは、企業や社会の変革期で将来の見通しがたたない中、解決策を創り出していかなければいけない今の時代を生きる上で、とても大事なことだと思います。

chapter 6

右脳で感じると幸せな気分になれる

　では、日々デザインを自分自身で生み出せるようになるとなぜ、充足感や幸福感を感じられるようになるのでしょうか？
　この問いについて、私はジル・ボルト・テイラーという脳科学者が TED で語っている「パワフルな洞察の発作」という題の動画（https://www.youtube.com/watch?v=ttVSuXjUFFs）にヒントを見つけました。
　それは、統合失調症を研究していたジル・ボルト・テイラー博士が脳卒中に襲われ、自分の左脳の機能が停止していく中で見たものを語った動画です。
　つまり、彼女は左脳が動きを止め、右脳だけしか働かない状態を臨死体験のように身をもって感じたのです。
　動画の中で印象的だった言葉をいくつか引用してみようと思います。

「コンピュータがわかる人には、右半球は並列処理装置のように機能し、一方左脳は直列処理装置のように機能するといっていいでしょう。2つの半球は互いに、3億の神経線維から成る脳梁（のうりょう）を通じて通信しています。しかしそれ以外では、2つの半球は完全に分離しています。なぜならそれぞれは別々に情報を処理するし、別々にものごとを考えますし、別々に気配りしますし、あえていえば、それらはまったく異なった人格です」
「私はまだ生きている、まだ生きている、そして私は涅槃（ニルヴァーナ）を発見したのだ。もし私が涅槃を発見してそして生き

ているのなら、生きている誰もが涅槃を発見できるはずだ。私は、世界が、いつでもこの空間に来ることができると知っている人たち、美しく平和で優しく愛情に満ちた人々で溢れている、そういう世界を思い描いています。そしてそれらの人々はあえて左脳の右側に歩み入り、この平和を発見したのだ。私は気づきました」

　これは、右脳の世界が、平和で周囲の全てと繋がった涅槃、仏教用語で「悟り」と呼ぶ存在であること、そして、それがとても心地よい愛情あふれる世界だということを表しています。

「どちらを選びたいですか。どちらを選びますか。そしていつ。私は信じます、私たちの右半球の深い内面の平和な回路にかかわることを選択するほど、より多くの平和を世界にもたらすでしょうし、そして私たちの惑星はより平和になるでしょう。そしてこれが世界に広める価値のある知見であると私は思いました」

　ジル・ボルト・テイラー博士は、脳卒中で左脳という機能を失ったとき、言葉を持たない脳、右脳で生きるということを体感したそうです。その世界は、その瞬間だけに集中し、多くの画像と体の身体感覚を通じて周囲のあらゆるエネルギーと繋がり、平和で愛情深く安心した幸福な感情に満ちあふれている世界だったということです。彼女はこれを涅槃と表現しています。禅でいう悟りの感覚も、またこの感覚に近い存在かも知れません。
　この動画を見たとき、私はいろいろなものが繋がった気持ちがしました。

chapter 6

　世界がインターネットで、全て、いつでも、どこでも繋がっている時代。その一方では、2050年には世界の人口が90億人を越え、資源の枯渇の危機に瀕する中で、モノをもっと持つという価値観が「持続可能ではない」時代。多様化した中で、人それぞれの「幸せ」が大事になっている時代。

　これらの問題は、周囲と繋がることで身のまわりから社会の課題を解決し、右脳を使って創造することで幸せを感じる方法を覚えることができれば、ひとりにとっての1つの解になるのかもしれないと考えています。

右脳モードへの道しるべ

　当たり前の話ですが、いくらビジネスの成果を上げ、いかに評価をされたとしても、それは自分の人生の充実や幸せとは関係がないことです。

　私は目標としていたブランドマネージャーに昇進したのにもかかわらず、ビジネスマンとして仕事を続けていくことに自信を持てなくなり、鬱病と診断されていた時期がありました。そんなとき、客観的といわれている他人の尺度で自分の行動を決めるのではなく、主観的な自分にとっての好き嫌いの尺度で測るような生き方に変える必要があることには何となく気づいていました。しかし、それまでそのように生きてきたこともなかったので、どうやって良いかもわからなかったのです。

　周囲の評価という客観的な事実はあまりにも強力で、自分の好き嫌いという主観はどうやってもその批判的な声に勝つことができません。「それは君の個人的な意見」「議論するなら事実で示しなさい」というビジネスの世界のロジックで生きていく限り、どうしてもこの流れから脱せないのです。リスが、ケージの中で永遠に回転するおもちゃの中で走っている、そんな感覚でした。

　そんな時期に出会ったのがダニエル・ピンクの『ハイ・コンセプト』でした。「新しいことを考えだす人の時代」における6つの感性として、「共感」「デザイン」「物語」「遊び心」「全体の調和」「意義」の6つの知性。それ以来、これらの感性を理解するため以下の取り組みに挑戦してきました。

1 　共感：　　人のビジョンを質問を通じて引き出すコーチング
2 　共創：　　様々な背景の人が一緒に創るワークショップ
3 　デザイン：　絵を描いたり、デザイン思考
4 　内省：　　瞑想や、自分が潜在意識に持つビジョンをレゴを使って形にするワークショップ『レゴシリアスプレイ』

　これらのキーワードは、一見多岐な分野に及んでいるように見えます。自分が何に興味を持っているのか、と問われるといつも言葉に窮していました。
　しかし、デザインを1年間学び、ジル・ボルト・テイラーの動画を見たときに、わたしは理解できました。これらのキーワードで表される感性は、全て右脳で起こっていることだと。
　自分が興味を持ってきた脈絡のなさそうに見えるものたちは、これだけ強い左脳の影響に萎縮している右脳をなんとかして解放して自由にしてあげたかっただけなのかもしれない、そう思うことができました。

子ども心を守り続けるという戦い

　20代の半ばで鬱になってしまっていた時期、無意識に追いかけていたものは、デザインの世界の探求でした。右脳で描くというワークショップに出会い、右脳モードに触れ、日々探求している内にいつの間にか、鬱は終わっていました。
　人は小さい頃は、右脳が優位にある生き物です。そして、社交性を覚えるに従って、だんだん左脳が強くなっていきます。それとともに、幼少期には誰もが描けたはずの絵が描けなくなってくるといいます。

今振り返ってみると、当時の私は過度に左脳に偏った生き方をしていたように思います。そして、自分がもともと持っていた子ども心＝右脳を殺してしまっていたことに対して、体が悲鳴をあげていたのではないかとも思います。

　科学的根拠はありませんが、私の周囲で鬱と診断されている人の多くが、とても繊細な人という傾向があります。いくら薬を飲んでも治らなかったものの、絵を描いたり、表現の手段を覚えることで症状が快方に向かっている友人も存在します。

　1990年代以降、アメリカ流の経営手法が日本に持ち込まれ、それとともに職場も論理全盛、左脳全盛の環境になっています。その中で、本来持っている右脳の力をいかせていない人はたくさんいるのではないかと思います。

　僕も左脳が強い人間です。その中で、雄弁ではない、壊れやすい、繊細な、しかし楽しくて、繋がっていて、幸せを感じられる平和な右脳の世界をどう育んであげるか、そしてそれを確保する場をどう創り出すかが課題だと思っています。村上春樹がイスラエルで行った講演で話した、壁に向かっていく卵をどう守るかという話ともつながっています。

　僕がデザインスクールで学んでいたもの、それはまさに「この時代を幸せに充足感を感じて生きるために必要な右脳を目覚めさせるために必要なあらゆること」だったのかもしれません。

　言い換えれば、ビジネスマンにとって、デザイン思考を実践する意味は、職場や生活を通じて、自分が子ども時代は持っていた右脳の創造的な素質を解放し、どんな環境にいても幸せに感じて生きる力を習得するということなのではないかと思います。

　そして、親がそのような生き方をしていれば、その子どもたち

がもともと持っている創造力を阻害することなく育むことにも繋がります。

創造力と脳科学

　ここで書いたことは、私の個人的な体験でしかありません。しかし、今後脳科学が発達すれば、幸せを感じるメカニズムと右脳の関係についても解明されていくのではないかと思っています。

　これについて、天才の没頭している創造状態を研究してきたフロー理論で有名なミハイ・チクセントミハイ教授と対談をする機会に恵まれました（この模様はWEBマガジンのBIZ/ZINEでレポートしています）。

　ミハイ・チクセントミハイ博士によると、「人生の幸福という感情は、余暇によって起こるのではなく、自分の能力を超えた問題にチャレンジにしているタイミングで起こる積極的なもの」と言います。そして、そのような心理状態、仕事やタスクに集中して、時間も身体感覚もなくなる、たとえるならばマラソンランナーがランナーズハイになるような状態、つまり「没頭」「熱中」している状態を〝フロー状態〟と呼んでいます。

　フローを体験している人は、「活動的な」「創造的な」「内容の濃い」「刺激的な」といった形容詞で表される状態を感じています。

　では、そのような状態をどうやってつくったらよいかというと、1つの達成困難な目標があり、自分の持っているスキルや課題の難易度のバランスがよいチャレンジであることです。一見不可能な目標を設定した場合、今までの延長上ではできず、不確実で不安になりますが、それはむしろ創造力を押すスイッチになり

えます。フローは実際には余暇よりも仕事でより多く起こります。

　そして、もう1つ重要なのは、自分でやりたいと思うチャレンジを設定することです。心理学用語でいうと「内発的動機」からはじめるということです。

　他人に客観的に評価されるものではなく、自分がやりたいこと・楽しそうだと思うものをやることで、困難な目標に取り組む動機が生まれ、自分のスキルにあった難易度のチャレンジにうまくできれば、そのプロセスの中で没頭して、結果的に幸福感を感じられるのです。

　つまり、デザインスクールで教わる「不確実な中で、解決策をつくっていく」「手を動かして考える」という「創り出す技術」は、日々実践することでフロー状態に入りやすくなり、結果的に幸福感や充足感をもって生きることができる、そういう実感に科学的な説明がつくということがわかりました。そして、その前提としては、「客観的に大事だとされることをやる」客観的な世界ではなく、「自分がモチベーションを持てるものをやるという好き嫌いを大事にする」主観を基軸にするということが、パフォーマンスも上がるし、結果としてプロセス全体で幸せを感じられるということです。

　さらに、踏み込んだ科学の知見も発表されています。日立中央研究所の矢野和男氏の『データの見えざる手』（草思社、2014）によると、ウェアラブルセンサーを活用して実験をすると、身体

がよく動く職場環境では人は幸せを感じやすく、幸せを感じている人は、生産性は37％、創造力は300％アップするという実験結果が出ているそうです。

全身で考え、手を使ってつくり続けるデザイン思考を実践することは、仕事をうまく進め、パフォーマンスを生むだけではなく、より幸せに生きることができるということについて、このように科学的な説明もされはじめています。

今後、人の行動の解析がさらに進んでいけば、この本で書いてきたようなクリエーターが経験的に伝えてきたノウハウは、創造的なパフォーマンスを発揮するための常識になっていくと思っています。

この本で書いてきたような「創りだす技術」は、商品開発やサービス開発のための1つの方法論として導入する、というものには留まらないと思っています。むしろ、先が見えない混沌とした時代を楽しく、幸せに生きるためのライフスキルとして形を変え、これからのビジネスマンの仕事の一部に溶け込んでいくものと考えています。

今のビジネスシーンは、左脳が支配する事実と論理の世界全盛です。それは、理にかなったことだと思いますし、それを否定するものではありませんが、それが100％になるのはバランスが悪いと思わざるを得ません。

左脳全盛の社会の中でも、生活や仕事の一部にでも右脳の「創りだす」力を生かせる環境をつくっていくことや子どもたちの創造力を阻害することなく育んでいくことが、私が人生をかけてチャレンジしていきたいライフ・ビジョンです。

おわりに

　留学から帰国後、僕が最初に取り組んだことは、まず身近な環境での創造的問題解決、古巣ソニーの中でイノベーションが生まれる場をつくることでした。創造的問題解決の技術を発揮するには、それを許し育てる場が必要です。

　ソニーでも、各事業部やＲ＆Ｄ部門など、あちこちで新規事業をつくる試みは行われていましたが、事業部内ではその事業モデル以外のアイデアを拾い上げる仕組みがなく、ほとんどの社員は新規事業に携わるチャンスがないと思われていました。

　そこで、外部と共創しやすくしながら、イノベーションの種を発掘し育てていくグループ会社横断の公募制による新規事業を提案する仕組みを社長に直接提案し立ち上げてきました。経営のトップは「イノベーションを創り出す場をつくる」ことを望んでいるし、社員からその動きを起こすことで根づく活動として実現する可能性があること、そして社員が「本気で頑張れば実現できるかも」と思える場をつくることで、創ることに飢えていた層に一気に火がつきはじめました。小さな成功事例が出てくると、既存の事業にもそれを取り入れる動きが起こりはじめました。これらを仕掛けたのは数人の仲間と、100人を越える非公式の社内の繋がり。そして、外部の多くの支援者でした。「巨象も数人の仲間で押せば、動くことがある」という成功体験を感じることができました。

　一方で、その立ち上げ作業を現場で格闘した2014年半ばから、個人的な新たなビジョンが芽生えてきました。大企業には多くのリソースが社内に眠っています。しかし同時に、自社を超えたコラボレーションを前提にビジネス生態系をつくる発想でスタ

おわりに

ートしなければ、社内の様々な壁にぶちあたり、イノベーションが減速したり小さくなってしまうことがあります。逆にいうと、外部との適切な協働によってイノベーションは加速するのですが、これほど「言うは易し行うは難し」ということはありません。

今、日本のビジネス界でも、オープンイノベーションという言葉が一般的になり、会社の枠を超えて共創することは自然のことになってきています。企業の中で生まれたイノベーションの種は、内外のリソースと適切に結びつくことで、スピーディに芽吹くと考えます。

日本におけるイノベーション投資のほとんどは、大企業のR＆D予算です。したがって日本においてイノベーションを促進しようとしたら、大企業のイノベーションのやり方を変えていくことが必要になります。

そのヒントは、社内のリソースを組み替える社内変革者と社外の様々なリソースを結びつけるイノベーションプロデューサーが組んでプロジェクトを進めることです。

今の時代は、価値創造をできる個人がどんどん個人で仕事をする動きが加速しています。在野の個人をオープンイノベーションとして取り込み、ビジネスモデルを構想し、様々なビジネスとクリエイティブを結びつけてイノベーションを実現させるイノベーションプロデューサーこそが、ビジネスとデザインの交差点において目指すべき姿だと思っています。

この本が出る2015年7月に、私はビジネスとデザインの交差点の価値を具現化する、イノベーションプロデューサー集団のビジネスデザインファームをつくる新たなチャレンジをはじめま

す。

　ゼロから仕事をつくり、「創り出す力」としてのデザイン思考のような考え方を、日本のビジネスマンがいちばん勉強したいと思ってもらえるような世界が実現したら、そのとき、日本は世界におけるイノベーション大国となっているでしょう。

　そんな世界を実現するビジョンをみなさんと共有することで、これからの長い旅路の勇気としたいと思います。

　この本は、デザイン思考を体現すべく、出版社の皆様と外部のチームと一緒に共創して作りました。ワークショップを行いながらコンセプトを練り上げた出版チームの藤枝さん、大久保さん、野間さん、菊嶋さん、装丁を素敵に仕上げてくれた金田さん。また、留学中の多くの仲間を代表して、池田さん、天野さん、玉田さん、佐々木さん、森山さん、ありがとうございました。過分なる激励文をいただいたMIT Media Labの石井先生、早稲田大学の入山先生、本当にありがとうございます。また、私の人生を変えてくれたイリノイ工科大学の佐藤先生をはじめとした皆様、本当にありがとうございました。

　また、出版社として全く新しいプロセスで多くご迷惑をおかけしたにもかかわらず最後まで支援いただいたクロスメディアパブリッシングの小早川さん、上坊さん、そして吉田さん、皆様の存在なしにここまできませんでした。

　最後に、この本の執筆を暖あたたかく見守ってくれた妻のさつきと、最終校了の前に最高のタイミングで生まれてきてくれた真優に心から感謝いたします。

【著者略歴】

佐宗邦威（さそう・くにたけ）

biotope（株）代表取締役社長兼チーフイノベーションプロデューサー
イリノイ工科大学デザイン学科修士課程（Master of Design Methods）修了。東京大学法学部卒業後、P&G 入社。ファブリーズ、レノアを手がけ、ジレットのブランドマネージャーをつとめた。（株）ヒューマンバリューを経て、ソニー（株）クリエイティブセンターにて全社の新規事業創出プログラム（Sony Seed Acceleration Program）の立ち上げなどに携わった後、独立。
技術シーズの新規事業化や新規事業立ち上げなど共創型イノベーションプロジェクトのファシリテーション、プロデュースを得意としている。
http://www.biotope.ne.jp

Design School 留学記〜ビジネスとデザインの交差点
http://www.facebook.com/DesignSchoolLife

21世紀のビジネスにデザイン思考が必要な理由

2015年8月1日　初版発行
2018年1月28日　第8刷発行

発　行　株式会社クロスメディア・パブリッシング
　　　　　　　　　　　　　　　　　　　発　行　者　小早川 幸一郎
　〒151-0051　東京都渋谷区千駄ヶ谷4-20-3 東栄神宮外苑ビル
　　　　　　　　　　　　http://www.cm-publishing.co.jp
■本の内容に関するお問い合わせ先 ……………… TEL (03)5413-3140／FAX (03)5413-3141

発　売　株式会社インプレス
　　　　　　〒101-0051　東京都千代田区神田神保町一丁目105番地
■乱丁本・落丁本などのお問い合わせ先 ………… TEL (03)6837-5016／FAX (03)6837-5023
　　　　　　　　　　　　　　　　　　　　　　　　　　　　　service@impress.co.jp
　　　　　　　　　　　（受付時間 10:00〜12:00、13:00〜17:00　土日・祝日を除く）
　　　　　　　　　　　　※古書店で購入されたものについてはお取り替えできません
■書店／販売店のご注文窓口
　株式会社インプレス　受注センター …………… TEL (048)449-8040／FAX (048)449-8041
　株式会社インプレス　出版営業部 …………………………………… TEL (03)6837-4635

カバーデザイン　金田紗季　　　　　　　扉・目次・カラーページイラスト　加納徳博
図版・ピクトグラム制作　大竹優里　　　本文デザイン　上坊菜々子
ISBN 978-4-8443-7421-3 C2034　　　　 印刷・製本　株式会社シナノ
©Kunitake Saso 2015 Printed in Japan